朝日新書
Asahi Shinsho 748

一行でわかる名著

齋藤　孝

朝日新聞出版

はじめに　一行一生——その一行が、一生の先生になる

この本には『一行でわかる名著』と思い切ったタイトルを冠しましたが、目指すところは「一行でもわかる」という妥協や手抜きではありません。

一行だからわかる。それが私の主張したいことです。

みなさんはピンホールカメラをご存じでしょうか。ピンホール（ごく小さな針の穴）から光を取り入れることによって景色や建物などを撮影する、いまあるカメラの「原型」というべきカメラです。ピンホールを通る光はごくわずかですが、フィルムにはしっかりと全体像が結ばれます。むしろ、穴を大きくすれば露光過多で真っ白になり、像を結ぶことができません。

読書も同じです。「一行」といういわばピンホールから入るからこそ、作品の全体像

や本質に迫ることができる。一行を核にして、理解を雪だるまのようにふくらませ、自分の血肉として吸収する。

そんな読書の方法論があることをお伝えしたいのです。

あるいは「一行」は、ボーリングのセンターピンと考えてもいいでしょう。ここを倒さなければ、どれだけ速い球を何球投げても、ストライクは取れません。逆にセンターピンさえきちんと押せば、ピンはおもしろいように倒れていきます。

浄土真宗の開祖・親鸞《しんらん》の言葉を記した『歎異《たんに》抄《しょう》』では、「善人なおもって往生をとぐ、いわんや悪人をや」の一節が特に知られています。善人ですら往生できるのに、まして悪人が往生できないわけがない。辞書的に訳せばそういった意味です。

しかし、この一行から親鸞に入っていくのがいいかといえば、少し違うように思うのです。「善人」と「悪人」が理解できないと、なかなか親鸞の言いたいことの核心に辿りつけない。それよりも、この一行から入るとどうでしょうか。

「念仏して地獄におちたりとも、さらに後悔《こうかい》すべからず」

念仏を唱えて地獄に落ちたとしても、後悔しないだろうという意味です。自分は師である法然上人の教えの通り念仏を唱えるのみ。ただ、行き先は地獄かもしれない——こう親鸞は言うのです。信者からみれば「なんてことだ」と思うでしょう。古今東西を見渡しても、そんな宗教家はいないでしょう。

しかし、この一行に凝縮された親鸞の決意と諦念をまず凝視し、理解することで、親鸞のいう「悪人」「善人」の意味と深い人間観がつかめてくるのです。そうすると、**何らか人生に悩みを抱えた読者自身にも、『歎異抄』がぐっと身近なものに感じられてくる。**こうして私たちは、一冊の本と幸せな出会いを経験することになるのです。

読書は成熟のための糧

私は、これまでさまざまな読書の本を出版してきました。その理由は、読書とは「趣味」ではなく、人間としての「責務」だからです。

読書をする人が減っていると感じます。私は毎年、大学に入学した学生に読書量を尋ねていますが、まったく読まないと答える学生が三割もいる。いわゆるきちんとした本に限定したら、半分以上が読書の習慣をもっていません。スマートフォン一つあれば、いつでもどこでも、膨大な量の情報を手に入れることができます。キーワードを検索することによって、わからないことはすぐに調べることもできます。

しかし、一人ひとりの教養が充実したものになったか、ものごとの判断力は向上したか、そして生の不安を乗り越えて生きる強い精神力が身についたかと問われると、私は懐疑的です。

というのは、インターネットですぐにアクセスできる情報は、なかなか身につかないからです。情報とは私たちのそばを流れる大河に漂う浮遊物です。インターネットで知識を得ることは、その水の表面にあるものをすくって使い、不要になればまた捨てるようなもの。情報収集に便利ではありますが、**それが本当に価値あるものかは定かではなく、手軽であるがゆえに、自分の核として身につけることはできません。**

読書は、自己形成のための糧です。読書をすることによって、人生に「深み」を持たせることができる。私自身がそうです。ものを考えるとき、読書によって培った思考力が生かされていることを実感します。私がコミュニケーションの基本と考えている「雑談」をするときも、読書によって得た知識や語彙を存分に活用しています。

こうも思います。**いまは読書をする人にとってはチャンスである。**読書をする人が減っていて、薄っぺらな言葉が増えた今、読書をすることによって知識や思考力、自分の中心となる信念を得て生きる力を育み、自分らしい人生を歩むことができるからです。

◇◇◇◇◇◇◇◇◇◇◇◇◇◇◇◇◇◇◇◇◇◇◇

名著は、多くの読者や批評家の評価を経て、現代まで受け継がれてきた遺産です。時空を超えても色あせない「真理」というべき大事なことが書かれている。

それだけに、最初から最後まで読み通すのは難しいものです。そもそも分量が多くて最初から気後れすることがほとんど。だからこそ、私はさまざまな読書のやりかたを提唱してきました。

たとえば、全編読むことをいったんあきらめて、パラパラと断片的に読む。本一冊読破しようと力まず、肩の力を抜いて名著に取り組む。適当にパラパラと本をめくり、目に付いたところをさらっと読んでみる。それを繰り返していると、自分にとってビビッとくる一節が見つかる。名著の文章には強さがあります。「神は細部に宿る」といいますが、名著にはそんなエッセンスが宿っています。

自分の経験に「引き寄せる」読み方も有効です。名著は何十年、何百年前という過去に書かれているので、時代背景をそのまま引き受けて読もうとすると、途中で挫折しがちです。反対に、名著を自分のほうにたぐり寄せて、強引にでも課題を立ててしまうのです。『源氏物語』なら「どうすればモテるのか」、『老子』なら「心を穏やかにするにはどうするのか」といった具合です。課題の設定は自由ですが、それを解決しようと意識していれば、**名著は必ず「気づき」をくれるはずです。**

一行が自分の精神に「芯」をつくる

私が読書をするときには相棒がいます。これまで繰り返し、いろいろなところでお話ししてきた「三色ボールペン」です。本を読んでいて重要な文章に線を引いていくのですが、客観的に「すごく大事」と思われる部分は赤。「まあ大事」と思われる部分には青で、「個人的におもしろい」と思った部分に緑を引きます。

さて、読書に関する本を書いていて気づいたことがあります。どんな大作でも、その内容、メッセージや世界観を思い出したり、人に教えたりするとき、私はつねにボールペンで線を引いた箇所――つまり一行か、せいぜい数行――に立ち返り、頭のなかを参照しているということです。

「あの本には、こんな大事なことが書いてあった」と思い出すとき、私は赤や青のボールペンが引かれた一行をさがします。「こんな面白い見方があったな」と人にすすめるときは、緑の一行をたずねます。「一行」が、私にとってはこの世に二つとないインデックスになっているのです。

同時にそれらの一行は、登山者が険しい岸壁を登るときに穿《うが》つハーケンのように、本を読んだ私自身の精神に突き刺さった「芯」にほかなりません。その一行を「芯」とすることで、読書を「体験」として自分自身に引き寄せ、理解と洞察を積み重ねることができた。一行をまず自分の中に入れ、精神に芯を作ることが、読書では何より重要なのです。芯がなければ、読み進めていっても、有機的に理解がまとまらず、何も残らない可能性があります。

どんな大作でも神が宿る核心の「一行」があります。そこを押さえることで、理解がぐっと楽になる。魂への響き方が違ってくる。名著の扉は開かれ、偉大なる知恵に触れることができるはずです。

この本では古今東西でおさえておくべき六一冊の名著を厳選しました。これらに触れることで、私たちの知的能力がどう拡張されうるか、七つの章に分けて解説しました。**読書は洞察力や判断力だけではなく、共感力や生命力にも火をつける。**一読すればおわかりいただけると思います。

読みやすさのため大きな活字を採用したので、各作品で紹介する「一行」が二行で表記されている場合もありますが、一般的な書籍の一行の字数＝四二字以下にこだわって抜き出しました。「一行」から、新しい読書の世界へ出発しましょう。

齋藤　孝

一行でわかる名著　目次

第4章　一行で、人間の強さと弱さを知る——理解力をきたえる読書　121

編集協力・星　政明

第1章

一行で、生きる情熱に火をつける

——生命力をきたえる読書

燃えながら日々を生きる

生きるということは、燃焼することです。

私たちは生きるために呼吸をします。食事をします。酸素や栄養を吸収し、燃焼することでエネルギーを取り出しています。つまり、自分自身を燃え上がらせることによって、生命を維持しているわけです。

「燃えること」は、体を活動させることだけが目的ではありません。生きていくためには、心も燃やさなければいけません。日々の課題に取り組むパワーが生まれ、一歩ずつ前進する気力が充実し、人生を豊かにすることができます。

それでは、心のエネルギー源とは何か。それは情熱です。

私の座右の銘のひとつに「ミッション・パッション・ハイテンション」というものがあります。この三つがそろうと人生は充実する。

ミッションとは「使命感」です。仕事や学業、将来の夢など、「しなければならない」「こうなりたい」といった、行動の原動力となる思いです。例えば、顧客が満足してくれる仕事の成果を出したい。食べた人が笑顔になるような料理を作りたい。資格を取得して恵まれない人々のために尽くしたい。そうした思いは、人にこころよい緊張感を与え、やる気に火を付けてくれます

パッションは、情熱です。ミッションをこなす根底に、燃えるパッションがある。パッション（passion）の頭が大文字になってPassionになると、「キリストの受難」というもう一つの意味が出てくる。神から与えられた困難を、大きな情熱によって乗り越える。人間精神の原型がここにあります。

そして、「ハイテンション」は元気、上機嫌です。同じことをするのなら、気持ちを鼓舞し、自分から積極的に物事に取り組む気持ちをもったほうが幸せですし、まわりの人とコミュニケーションが生まれ、魂の共鳴が起こる。引き受けた仕事は、テンションを高くして、期待よりも高い成果を発揮する。そのような心意気が大事です。

憧れを持つ人が清々しさをたたえる理由

明治維新以降、日本近代経済の礎を築いた渋沢栄一は、『論語と算盤』の中で、自分

の覚悟を表明しています。

「私は論語で一生を貫いてみせる、金銭を取り扱うが何ゆえ賤《いや》しいか」

明治初期の近代化の時代。志ある者は、政府のために官僚として働くのがよしとされていました。しかし、渋沢は、自分は算盤＝商売の道で生きることを決意します。そして、経済活動を行う際の中心軸を、道徳律を説く『論語』とすることを誓ったのです。

『論語と算盤』からは、周囲から反対されようとも自分の信じた道を進む「使命感」を感じることができます。同時に、古典の偉大さも感じ取れます。『論語』という心の拠りどころがなければ、渋沢はあのような大きな仕事をなしえたでしょうか。

哲学者のニーチェも、情熱に火をつける言葉を残しています。「神は死んだ」で有名なニーチェですが、そこに込められたメッセージは、一般的に「破壊的」と誤解されるイメージとは違います。人は、生の全権を神に委ねるのではなく、自分自身で困難を乗り越えていく気概を持てと説いたのです。

ニーチェを読むと、「奮起しろ」「もっと輝け」と、私たちに熱く厳しいメッセージが降り注ぎます。死の間際にあって、「これが生きるということだったのか、だったらもう一度!」と思えるような人生を送ろうと、力が湧いてくるはずです。

名著に埋め込まれた教えが、情熱の導火線に火を付けてくれることもあります。メルヴィルの『白鯨』はたとえ妄執と言われるにせよ、闘いにおいて魂の全き燃焼がもたらすカタルシスを、『ゴッホの手紙』は、自分の「中心」を持つことで得られる強さを教えてくれます。

名著は人生の道標ともいえる知性を与えてくれるのです。

名著を読むことによって、〝情熱〟という原動力だけでなく、先行く道を明るく照らす〝知性〟というガイドが得られれば、人生は百人力です。

読書をするときに知性を得るコツは、引用する部分を探しながら読むことです。「このすばらしい一行を、誰かに教えてあげられる人物になりたい」。そうやってアウトプットを意識し、目を皿のようにして読むことで、文章があなたの脳に定着していきます。

この章では、そんなフレーズが詰まった名著の数々を紹介していきます。

「憧れに憧れる」が、学びの基本だと私は考えます。師とする人物から、私たちは知識や情報だけを学ぶのではありません。師が抱く大いなるものへの憧れの強さにひかれ、磁場に身を置くことで、自分もまた同じベクトルの憧れを持った一本の「矢」になる。そして高みへと到達する。これが人間の本来の姿だと私は思います。

憧れを持つ人はみな、清々しさを感じさせます。**情熱とは、人から人へリレーされるたいまつ**のようなもので、その流れのなかに身を置くことが私たちの生命をもっともよく燃焼させるからでしょう。そして、あなたにたいまつを届けてくれる存在として名著以上のものはありません。

『ツァラトゥストラ』 ニーチェ

「これが――生だったのか」わたしは死に向かって言おう。「よし！それならもう一度」と

人生で一番大事な「肯定感」をつかむために

「神は死んだ」。この言葉に衝撃を受け、そこからニーチェの名を覚えた人も多いでしょう。ニーチェは一九世紀に活躍したドイツの思想家で、実存主義の先駆となった一人として有名です。大学で古典文献学を教えていましたが、病気療養のために退職し、『悲劇の誕生』『曙光』『悦ばしき知識』などの著書を残しました。「神は死んだ」は、ニーチェ自身が「人類への最大の贈り物」と言った『ツァラトゥストラ』の中で、主人公のツァラトゥストラが発した言葉です。

「神」が「死ぬ」とはどういう意味でしょうか。それは、**人間が「自分自身の力を信じる」ということです。**人間にとって神とは絶対的な存在。神は全能で、すべての価値の源泉です。何かを成し遂げたり、幸運が舞い込んだりすると、神の加護に感謝をします。その結果、何が起こるのか。自己肯定感の欠損です。人間は神にいいところを持って行かれ、残りかすのような存在になってしまうのです。ニーチェは、そんな考え方を真っ向から否定しました。キリスト教の価値観が支配していた一九世紀のドイツにおいて、どれほど勇気のある発言だったことでしょうか。

それでは、ニーチェは何を目指したのか。それは「超人」です。「超人」と聞くと、スーパーマンのように圧倒的な力をもつヒーローをイメージしがちですが、そうではありません。**今の自分自身を乗り超えて、世界を肯定し、前進し続ける人。**それが「超人」です。「人間とは乗り超えられるべきもの」なのです。神が死んだのですから、生は意味も目標も持たず、創造と破壊が無限に繰り返される円環の世界となります。そのニヒリズムを徹底し、無意味とも思える人生を引き受ける。

「『これが――生だったのか』わたしは死に向かって言おう。『よし！それならもう一度』と」。**この一行に示された態度をニーチェは「運命愛」といい、これを身に付けた人を「超人」であるとしたのです。**

超人に達する段階として、人は三つのステージを登るとニーチェは言います。「駱駝《らくだ》」「獅子《しし》」「小児《しょうじ》」です。駱駝は義務的に、重い荷物を背負っている段階。すべての行動を管理される子ども時代とも言い換えられる。そこから獅子となり「義務に対してさえ聖なる『否』」を言えるようになります。自我が芽生えた青年期のイメージでしょう。

意外なことに、その後は小児となるのです。**「小児は無垢《むく》である、忘却である。新しい開始、遊戯、おのれの力で回る車輪、始原の運動、『然《しか》り』という聖なる発語である」**。つまり、純真な心をもって、新しい価値を遊戯として創造し、すべてを「然り」として肯定できるようになる。

そのような段階を踏んで、大きな肯定にたどり着いた人生は、充実したものになる。楽しいことは何倍も楽しく、辛いことも乗り超えていく気概が生まれます。ああ、よい人生だった！　死の間際に心の底から納得できるような生き方をしたい――ニーチェは、そんな願いを叶えるために、私たちの精神を鍛えてくれる鬼コーチです。

『ゴッホの手紙』　ゴッホ

黄色はなんて綺麗なんだ！

自分の「中心」を定めると強くなる

一八九〇年に没するまではほとんど絵が売れなかったゴッホですが、この世から去った後に評価され、今でも多くの人に愛され続けています。その人物像は、超然とした芸術家ではなく、私たちと同じ地平に生きる情熱的な「人間」でした。その等身大の姿は、ゴッホが残した多数の手紙から読み取ることができます。

ゴッホは芸術のための芸術をよしとしませんでした。生きることを讃え、働くことを尊びました。**「われわれは実生活の画家であり、息のあるあいだは喘《あえ》いで働かなければ**

ならない」としました。この考えは、多くの人の共感を呼びます。自分の目指すべき「偉大な芸術家」への道も、「喘いで働」いている先にあるとゴッホは言うのです。

そんな真っ直ぐな信念をもったゴッホですが、画家としての自分のスタイルを確立することには四苦八苦していました。エネルギーが暴発して、人間関係がうまくいきません。あるいは、情熱の向かう先が見当違いになることもありました。画商の店員として生活していましたが、失恋を機に立ち行かなくなります。牧師を目指したものの神学校に入ることができず、炭鉱の街で伝道師の見習いとなります。伝道師としての熱意はすさまじく、貧しい炭鉱労働者たちのために奔走しますが、激情に駆られる行動も多く、任務をうまく果たすことができません。

二七歳になった頃、本格的に画家を目指します。ゴッホは、自らの過剰なエネルギーの放出先を絵画、とりわけ色彩の奔流に見出しました。パリの印象派の画家と交流したゴッホは、南フランスのアルルへと旅立ちます。

そこで、ある色への思いを強くします。**「黄色はなんて綺麗なんだ！」**。ひまわり、黄色い花の野、黄色い家——。ゴッホは、黄色という自分の「中心」を悟りました。

中心を定めた人間は強い。ゴッホはただの個性的な画家でなく、唯一無二の芸術家となりました。一目見て、「これはゴッホだ」とわかる明確なスタイルを確立しました。

ゴッホは浮世絵を愛し、日本の芸術から大きな影響を受けています。遠い日本を訪れることはかないませんでしたが、アルルを目指したのは日本と似た雰囲気を持つ場所だったからだと伝えられます。「日本の芸術を研究すれば、誰でももっと陽気にもっと幸福にならずにはいられないはずだ」とも言っています。日本人たちは自然の中に生きていて、普通の職人のような生活をしている。そこを見習うべきであるとゴッホは言います。現代の私たちの胸にも突き刺さる言葉です。

過剰なエネルギーの行き先を見付け、一人の「働く」芸術家（実際にはなかなかうまくいかず、弟の援助を受けていたにせよ）として絵を描き続けたゴッホ。中心を見つけ、他人をリスペクトし、生命を燃やして生きていく。

「自分の仕事のために僕は、命を投げ出し、理性を半ば失って」しまったゴッホの生き様は、本人にとっては苦難の連続だったかもしれませんが、生きるエネルギーが枯渇しがちな現在こそ見直されるべきでしょう。

『罪と罰』　ドストエフスキー

「あなたが汚した大地に接吻《せっぷん》なさい。」

置き去りにしてきた人間愛がよみがえる

『罪と罰』を読んだことがなくても、以下のテーゼを知っている人は多いでしょう。

――人類にとって有益な人間は、凡庸な人間を殺めても許されるか否か。

世界史に名を残す天才革命家・ナポレオンは、フランス帝国を築く上で、数知れぬ人命を犠牲にしてきました。しかし、それによって、彼の功績が毀損されるわけではありません。それならば、**優秀な自分が人を殺しても問題ないのではないか……**。

『罪と罰』の主人公・ラスコーリニコフも、そんな思考にとらわれた一人です。ラスコーリニコフは、優秀な大学に入ったものの、世間からは評価されず、困窮にあえぐ毎日を送っていました。自分のような前途有望な青年が、こんなに苦しい思いをしているのに、高利貸しの老婆が裕福な生活を送っていることに疑問を持つラスコーリニコフ。ついに、老婆を殺して、金を奪う計画を立てます。

そのなかで、彼は自分の行為を正当化する理屈を考えます。ある人間がニュートンやケプラーの発見の妨げになっているとするならば、「その発見を全人類のものとするためにこの十人ないし百人を排除する権利を持つ……というよりその義務さえある」。

彼はその一線を踏み越えました。しかし、たまたまその瞬間に居合わせた、金貸しの妹で働き者のリザヴェータまでも殺めてしまうことで、ラスコーリニコフは罪の意識に苛《さいな》まれるようになります。

そんな彼の前にある人物が現れます。娼婦のソーニャです。真面目で信心深くも、家族のために身体を売る、清濁あわせ呑んだ女性です。そんなソーニャとの交流の中で、サイコパス的な思考をもったラスコーリニコフも徐々に心を開いていきます。自らの犯罪がしだいに露見し、ついに自首することを決意したラスコーリニコフがソーニャのもとに向かい、罪を告白する。ここからが、『罪と罰』のクライマックスです。

緊迫感のある雰囲気のなか、情熱あふれる言葉のやり取り。**魂の核融合とも言うべき会話に巻き込まれる読書体験は至高の一言です。**

ソーニャは言います。「お立ちなさい！（中略）いますぐ、すぐに行って、十字路に立つんです、おじぎをして、まず、あなたが汚した大地に接吻なさい。それから四方を向いて、全世界におじぎをしてなさい」。力強く、含蓄のある言葉です。信心深いキリスト教徒である彼女にとって、十字架を思わせる十字路は神の象徴。そして、大地に接吻をして罪を告白せよというのです。

告白をして罪を負わせるだけではありません。ソーニャは言います。「いっしょに苦しみましょうよ、いっしょに十字架を負いましょうよ！」。なんと深い愛でしょうか。

難解と思われる『罪と罰』ですが、「接吻なさい」「十字架を負いましょうよ！」と印象的でわかりやすいフレーズもあって、小学生のクラスで朗読させても盛り上がります。読めば大人もハマるはず。**アクの強いキャラクターのぶつかりあいに身をひたすうち、いつしか人間に対しての温かい気持ちを取り戻す**ことができるはずです。

『五輪書』　宮本武蔵

何事もきる縁と思ふ事肝要《かんよう》也。能々《よくよく》吟味すべし。

まずは取りかかれ、そして結果を焦るな

日本人なら誰もが知っているであろう剣豪・宮本武蔵。一三歳にして初めて剣の勝負に臨んで勝利し、その後、**六〇回以上の死闘に勝ち続けたサムライの言葉は、現代を生きる私たちの心にも生命力を与えてくれます。**

そんな宮本武蔵が記した兵法書が『五輪書』です。兵法の大意を語る「地の巻」、剣術を具体的に語る「水の巻」、戦術について語る「火の巻」、流派について語る「風の巻」、兵法の本質を語る「空の巻」で構成されています。

宮本武蔵が大事にしていたのは、「やってみろ」の精神です。冒頭に掲げた「何事もきる縁と思ふ事肝要也。能々吟味すべし」は、「剣術の腕前をあげるためには、〝斬る〟という気持ちがとにかく大切である」ということを語っています。野球ならバッターボックスでバットを振ることが大事、サッカーならゴールへの意識を持ってシュートで終わることが大事。そのシンプルな精神です。

この考え方は、仕事にも通じます。成し遂げたい目標を見つけたら、積極的に手を挙げ、大きな声で公言し、プランを動かしていくことが大事。私自身も、これまで多数の書籍を出版し、テレビ番組を企画し、イベントを開催してきました。

学生への講義でも「まずは取りかかる」重要性を実感しています。授業の一環としてショートコントを作ってもらうことがあります。「英語の三人称単数の動詞につく〝S〟をテーマにコントを作りなさい」などと無茶振りに近いお題もあるのですが、とにかくやってもらう。「私はSちゃんです」と女の子が登場し、男の子「I」や「YOU」がフラれていき、「He」のプロポーズではじめて愛が成就する——**最初はフリーズしていても、やってみればできるもの、なのです。**

話を宮本武蔵に戻すと、『五輪書』では「何事もきる縁」の気持ちを持ちつつ、具体的な修練方法についても語っています。

例えば、目線の持ち方なら、「目の玉うごかずして、両わきを見る事肝要也」といった具合に、目の動作までをも指摘しています。剣の持ち方についても「太刀のとりやうは、大指ひとさしを浮《う》ける心にもち、たけ高指しめずゆるまず、くすしゆび・小指をしむる心にして持つ也」と、指一本一本についてまで、細かく指示を入れます。

そして、「吟味」と「工夫」と「鍛錬」をすべしと繰り返します。構えの型を「吟味すべし」、「打つ」ことと「あたる」ことを区別して「工夫すべし」、太刀の道が定まるよう「鍛錬すべし」など。考えながら、工夫をしながら修行すべきであると武蔵は何度も何度も指摘します。

宮本武蔵のような天才ですら、試行錯誤の上で、達人の域に達しました。人生は「**千日の稽古を鍛《たん》とし、万日の稽古を練《れん》とす。能々《よくよく》吟味有るべきもの也**」なのです。

結果を迅速に得ようと日々、焦っている人もいるかもしれません。そんな人こそ「吟味・工夫・鍛錬」をスローガンにしてまずは踏み出してみることです。

『葉隠』 山本常朝

常住死身《じょうじゅうしにみ》になりて居る時は、武道に自由を得、一生越度《おちど》なく、家職を仕果《しはた》すべきなり。

人は毎日生まれ変わることができる

インターネットやSNSの普及で情報が氾濫し、多様性どころか同調圧力がむしろ強まっている現在、わき目もふらず一つのことに打ち込むことの価値は見過ごされがち。

江戸時代の武人である山本常朝《つねとも》は〝死ぬ気〟の重要性を『葉隠《はがくれ》』で説きました。「武士道といふは、死ぬ事と見付けたり」。この一節はとても有名です。

常朝は、なにも本当に死ぬことを推奨しているわけではありません。「毎朝毎夕、改めては死に改めては死に、常住死身になりて」。朝に夕にいつも死んだような気持ちになって、物事にあたることで、武士道と一つになることができる。**成すべき事を実現できるという心の持ち方を説いている**のです。

　これには二つの意味があります。ひとつには、文字どおり〝死ぬ気〟で挑むこと。**「二つ二つの場にて、早く死ぬかたに片付くばかりなり。別に仔細なし。胸すわって進むなり」**。生きるか死ぬか道があるのならば、迷うことなく死に近いほうを選択すると。生きる道は、楽な道。困難を選ぶ心持ちでないと成長できません。迷いも消えます。行き先には、つねに死が待っている。残された時間は少なく、失敗しても死が受け止めてくれる。そう考えると、すばやい決断ができると常朝は説くのです。

　もう一つの効能が、**「常住死身」でいることによって、つねに新鮮な気持ちでいることができること。**自分は一度死んで、また命を取り戻した身なのです。会う人、見る物すべてが初めて。世界は新たな出会いに溢れています。

「曲者といふは勝負を考へず、無二無三に死狂《しぐる》ひするばかりなり。これにて夢覚むるなり」という一節もかっこいい。曲者というのはいい意味です。「一流の仕事をする人間というのは、勝負を考えず覚悟を決めるときは決める」と言っているんですね。

度胸と決断力と、挑戦する心――〝死〟を意識することで、社会人として必要なマインドを得ることができるのです。

『葉隠』には世間を生きるために必要な方策についても書かれています。

例えば、あくびの止め方。人の話を聞いているときにあくびをするのは失礼です。それは江戸時代でも同じ。「人中《じんちゅう》にて欠伸《あくび》仕《つかまつ》り候事、不《ふ》嗜《たしなみ》なる事にて候」と常朝は言います。そんな時は、「計らず欠伸出《い》で候時は、ひたひ撫で上げ候へば止み申し候」。額《ひたい》を上に向かってひと撫ですれば、あくびはピタッと止まる。くしゃみも同じとのこと。

相手に苦言を呈するときは、「意見の仕様、大いに骨を折ることなり。恥をあたへては何しに直り申すべきや」。相手に恥を与えないように言い方をよくよく考えるようにと指摘し、知らない事柄に関して話をするときにも**「終《つい》に知らぬ事ながら存《ぞん》ぜずと云はれず、漸《ようや》く間に合はせ候」**。「知らない」とは言わずに会話を発展させることの重要性を説きます。

情熱が持てない、人間関係がうまくいかないなど、あらゆる面で生きづらさを感じている人にとって、『葉隠』は有効な処方箋となるでしょう。

『月と六ペンス』 モーム

「川に落ちれば、泳ぎのうまい下手は関係ない。岸に上がるか溺《おぼ》れるか、ふたつにひとつだ。」

困難な選択肢の先に大きな成長がある

人には恥の概念があります。失敗して惨めな姿をさらしたくない、嘲笑されたくない。今ある物を失うのは怖い。持っている財産や地位を手放すのは、身が切り裂かれるような悲しみをともないます。家族を失うことになればなおさらです。

一方で、こんな考え方もあります。**これまで築き上げてきた人生は、豊かな収穫である半面、人を今いる場所に縛り付ける〝鎖〟にもなる。**

モームの『月と六ペンス』は、夢を叶えるために鎖を引きちぎり、自由になった男を描いた物語です。主人公のストリックランドは、イギリスの証券会社に勤務していた中年男性ですが、ある日突然、妻子を残して失踪。語り部である作家の「私」は、ストリックランドを連れ戻すように彼の妻に頼まれ、パリで再会をします。

そして、「私」は、ストリックランドを説得しようとします。その歳で画家としてスタートして大成すると思っているのか。家族や財産など、今まで得たものを捨て去る価値があるのか。そもそも、自分に才能があると思っているのか……。

バカにしていると激怒しても仕方がない言葉に対し、ストリックランドはこう答えるのです。「川に落ちれば、泳ぎのうまい下手は関係ない。岸に上がるか溺れるか、ふたつにひとつだ」。川にいったん落ちてしまえば、問題は泳げるかどうかではない。泳がなければ死んでしまう。不退転の境地を示す魂のこもった言葉です。**物事を始めるためには、まず飛び込む覚悟が必要なのだ**と、ストリックランドは言います。

私はこの言葉に胸を打たれました。強烈ななにかが、利益や合理性とは関係のないところで彼を駆り立てているように見えたのです。ストリックランドを突き動かしていたのは、有形の資産や家族といった関係性ではなく、情熱そのものでした。

転職や起業などでも、ストリックランドと同じ覚悟で臨むことで成功することが多々あります。「完全に見通しが立ったら会社をつくろう」「次が決まってから今の会社を辞める」といった保身があると、そこそこの結果に終わります。圧倒的な成功を収めるためには、とにかく行動する、無謀ともいえる情熱が必要なこともあるのです。

「自分探し」などというふわふわしたものでは、「自己実現」はできません。**すべてをなげうつ覚悟をもって、生命を燃焼させることでのみ、本当の欲望は満たされる**のです。

ストリックランドは言います。「愛などいらん」。「愛は弱さだ」。人によっては、生きる目的とされることもある「愛」ですら、彼には自己を実現するために捨てるべきモノだったのです。彼は没後に絵を残しました。壁一面に描かれていたのは「驚異的で、官能的で、情熱的な絵。同時に、どこか残酷でもあった。人を怯《おび》えさせるなにかがある」絵画――彼の人生そのものが昇華した一枚でした。

ここまでの覚悟を持つことは難しいかもしれません。しかし、ストリックランドのような生き方の存在を心に刻むことは、私たちの魂の灯となるに違いありません。

『論語と算盤』　渋沢栄一

私は論語で一生を貫いてみせる、金銭を取り扱うが何ゆえ賤《いや》しいか。

大成するのに重要なのはぶれない信念

物事を成し遂げるためには、自分をすっと一本立ちさせる何かしらのポリシーが必要だと思います。それは人それぞれではあるのですが、長い期間にわたって多くの人によって読まれ、検証され、また愛されてきた古典を拠り所にすることが、最良の策のひとつであると私は考えています。

「日本近代経済の父」と呼ばれた渋沢栄一にとって、それは『論語』でした。「右手にそろばん、左手に論語」を唱えた渋沢は、第一国立銀行（現在のみずほ銀行）を創立し、多数の企業の設立や発展に貢献。東京株式取引所（東京証券取引所）や東京瓦斯会社（現在の東京ガス）など、およそ五〇〇社の企業を育成し、日本の資本主義の礎を築きました。

冒頭の一行は、渋沢が友人に対して、ある啖呵《たんか》を切った言葉です。

一八七三（明治六）年のこと、大蔵省（現在の財務省と金融庁）を退官し、経済で国に貢献をしようとした渋沢は友人からこう言われます。「官にあって国家のために尽くすべき身だ、しかるに賤しむべき金銭に眼《まなこ》が眩《くら》み、官を去って商人になるとは実に呆《あき》れる」。なかば軽蔑されてしまうわけです。

それに対し、渋沢は中国北宋の政治家・趙普が経済で皇帝を助けた『論語』のエピソードを引き合い、「論語の教訓を標準として」一生商売をすると宣言するのでした。

現代の視点で見れば、渋沢の考えの方が常識的に映ります。経済が国家の基盤であるという事実は小学生でも知っています。しかし、当時の日本には、株式会社という制度すらなく、貿易国としてやっていく経済基盤も整っていませんでした。江戸幕府から政治の大権を引き継いだ明治政府は混乱期にあり、武士の内乱も頻発するこの時期に、「商売」とは何事だという意見があるのもまた当然のことかもしれません。

渋沢はもっと先を見越していました。明治維新当時にヨーロッパに滞在し、当時の最先端の経済のシステムを学んだ渋沢は、**「わが日本は、商売が最も振るわぬ。これが振るわねば、日本の国富を増進することができぬ」**と考えました。しかし、やみくもに経済的利益を追求しても、モラルが崩壊します。そこで渋沢は、「おのれを修め人に交わる日常の教え」が書いてあり、「最も欠点の少ない教訓」である『論語』に従って、商売をすることを決意したのでした。

渋沢の言葉どおり、『論語』に書かれていることは、現代のビジネスマンにとっても教訓となるようなことばかり。人を大事にせずに得る富は、論語では否定されます。嘘も論外。コンプライアンスについてやかましく言われる今、明治時代に『論語』で一生を貫くと宣言した渋沢に、時代がまたようやく追いついてきました。

渋沢は言います。「論語の教えは広く世間に効能があるので、元来解りやすいものである」と。二〇二一年には大河ドラマの主人公となり、二〇二四年には福沢諭吉にかわり一万円札の顔となる渋沢栄一。**今、もっとも注目される近代日本人渋沢にならい、『論語』の教訓を軸に、ぶれない生き方を目指してはどうでしょうか。**

『白鯨』 メルヴィル

「あなたのやっていることは正しい。勝負に生き、勝負に死ぬのです！」

強いライバルがいるから到達できる魂の高みがある

あなたには時間を忘れて、追い求められるものがあるでしょうか。

生産性やコスパが最重要視される現代では、仕事はともかく、なかなか時間を忘れて何かに没頭することは難しいものです。しかし、**人生を賭けてもいいと思えるほど熱中できる対象があると、途端にその人の毎日は熱を持ったものへと変化します。**

『白鯨』は、数々の船を沈めてきた伝説の白鯨モービィ・ディックを仕留めることに執念を燃やす海の男・エイハブの活躍を描いた物語です。エイハブはかつて航海中にモービィ・ディックと遭遇し、片足をかみ切られた過去を持っています。復讐を誓ったエイハブは、モービィ・ディックを討ち取るため大海原を航海するのでした。

エイハブの執念は、誰が見ても過剰なものでした。エイハブも自覚していて、「連中はわしのことを狂人《きょうじん》だと思っている」と客観視します。そうであっても、気持ちを抑制することができません。「わしの狂気は、おのれの狂気の正体を理解するときにのみおさまるたぐいの厄介《やっかい》な狂気だ！」。エイハブを誰も止めることができません。

もしかすると、エイハブのこの衝動は、単純に強い者を追い求める気持ちだったのかもしれません。強敵と書いて〝とも〟と読む。少年マンガのそれです。**もはや、敵でもなく、味方でもない。「強い奴と戦いたい」という気持ちだけを原動力に突進する、少年の心です。**

本作の語り手であり、エイハブとともに、白鯨を狩るために冒険に出かけたイシュメールは言いました。「まいりましたよ、エイハブ、あなたのやっていることは正しい。勝負に生き、勝負に死ぬのです！」。エイハブを突き動かす原動力は〝勝負〟そのものにあり、もはや周りの目など気にしません。イシュメールは、半ば呆れながらもエイハブの志を認めます。そこには、多少の憧れすら含まれていることでしょう。
『白鯨』を読めば、イシュメールに共感するはずです。
毎日がどこか不完全燃焼だ。あるいは不安に立ちすくんで新しいことへ興味がわかない。そんな気持ちに襲われたら、自分にとってのモービィ・ディックを見付けてみてください。自己実現としての仕事かもしれないし、資格の取得かもしれないし、バカにされる趣味かもしれません。自分の人生が揺るがないものになります。他人の「いいね！」が気にならなくなります。

それは人生においての、「フロー体験」でしょう。フロー体験とは、極度の集中力とリラックスが同居した、心身のパフォーマンスが最高の「没我状態」を指します。

お前は、生命の炎を燃やしているのか？　読む者に対してそんな風に問いかけてくる『白鯨』ですが、じつはモービィ・ディックはなかなか登場しません。岩波文庫では上中下の全三巻ですが、登場するのはなんと下巻。邪道というなかれ、まず下巻の格闘シーンから読みはじめて、エイハブとモービィ・ディックとのぶつかり合いに、魂を奮い立たせてみるのもおすすめです。

『老子』

無為を為《な》し、無事を事とし、無味を味わう。

〝自然〟を受け止めて豊かに暮らす

「無為自然《むいしぜん》」という言葉を、一度は聞いたことがあるでしょう。**何かを成し遂げようとがむしゃらにがんばるのは、よい行為ではない。自然に生きるべきである。**自分らしく生きるべきである。これは宇宙をはじめとした万物の法則や規範である「道」（タオ）に従って生きることと同義である。そう説いたのが中国の老子です。

老子は紀元前五世紀ごろ（諸説あり）、中国春秋時代に活躍したとされる哲学者です。無為自然を基本とするその考え方は、同じく中国の哲学者、孔子とは異なります。孔子は、人間が自ら「徳」を一つずつ積み上げることをよしとしました。自然に任せるべきだと主張する老子とは方向性が異なります。

老子の教えは、日々忙しい現代の私たちの心にストレートにしみます。とくに冒頭で紹介した**「無為を為し、無事を事とし、無味を味わう」**。「何もしないこと」をして、「何でもないこと」を仕事として、「味けのない生活」を味わうなどと一般的には解釈されます。

私たちは、いつも「何かを為そう」あるいは「為すべき」と考えています。しかし、人間とは本来そういうものではないと老子は言います。深い考えを持たずに、目の前に自然にあらわれたことを受け止めるべきであるというのです。

これが簡単なようで、なかなか難しい。「無為を為し」といえば〝何もしない〟バカンスが思いつきますが、日本人は観光をしてしまいます。仕事にも〝自己実現〟を求めてしまいますし、「無味」というのも難しいものです。

忙しい人にとって想像しにくい無為自然の境地ですが、**突き詰めていけば、そこに開けるのは小学生の頃の夏休みかもしれません。**ラジオ体操のない日には、いつもより寝坊をして、朝ご飯をダラダラと食べて、なんとなく友だちと遊ぶ。そして、手の掛かっていない昼ご飯を食べて、また遊んで、夜になってまた眠る。なんてことのない毎日が幸せだったのではないでしょうか。

小学生の夏休みは、〝引き算〟の毎日です。登校、勉強など、「為すべきこと」をしない「無為」な日々をイメージして、毎日を過ごしてみるとよいかもしれません。

そのほかにも、老子はさまざまな言葉を残しています。

「柔弱は剛強に勝つ」。「しなやかなものは、堅いものにまさる」という考え方は、柔道の指導で用いられるだけでなく、あらゆることに示唆を与えてくれます。

「上善《じょうぜん》は水の若《ごと》し」。お酒の名前にも採用されていますが、**「ほかとは争わずに、周りに利益を与えながら、自分は柔軟に形を変えることが最高の善である」**という思想は、穏やかに生きることの大切さを教えてくれます。

意識高く生きることが求められる今、もし、そんな世間のプレッシャーに疲れてしまったときは、『老子』を読むことで肩の力がふと抜けるはずです。

第2章

一行で、深い真理に到達する

——洞察力をきたえる読書

真理は短い言葉で示すことができる

人間の生きる意味＝真理は、短い言葉で示すことができるのではないかというのが私の考えです。

何を人生の真理とするのかは人それぞれです。神に人生を捧げるのを真理とする人もいる。心が通う人と出会うことこそ、人生の目的という人もいるでしょう。それぞれの真理をズバリと端的に記している言葉を見付けたとき、自分の人生の中心が定まります。

たとえば、曹洞宗の開祖である道元は言いました。「只管打坐《しかんたざ》」。ほんの四文字です。意味は「ただひたすら座れ」。また、こういうことも言っています。「仏道をならふといふは、自己をならふなり。自己をならふというは、自己をわするるなり」。**仏の道を習うということは自分を習うことで、自分を習うということは自分を忘れることなんだ。**

そう言われると、「おお、そのとおりだ」と、ガッと目を見開かされる感じがします。たった一行で真理を伝えることが人間にはできる。また、受け取ることもできる。そこが素晴らしい点です。

名著のなかには、そんなふうに真理を端的に突く一行があります。名著のなかにその一行を見付けたら、その一冊、その著者はあなたの心の師となる。

大事なことは、一行ではなく、言葉を尽くさないと説明できないのではないか。そうした反論も理解できます。しかし、それは多くの書物において「一行」の真理をしっかりと定義するために論を補強しているからです。とくに、宗教を創始したような人物の主張はたいていシンプルです。手を替え品を替えて、同じことを言っているのです。

本当に大事なことは、一行で表現できるというのが私の持論です。

「この一行でなければ間違いだ」という教科書的な正解はありません。**肝心なのは、精神に刺さる「芯」となる一行を自分なりに見つけることです。**芯ができれば、最初は意味がわからなかったほかの部分の文章も「そうだ、そうだ」と実感をもって読み進めることができます。一方で、芯ができなければ、読み進めても自分の深い部分にまで文章が入ってこないのです。

自分にとっての真理を発見する

自然科学とは違って、人生における真理は人によって異なります。

では、真理を発見するには、どうすればいいのか。それは「汲み取る力」を鍛えることです。「汲み取る力」とは文章の真意を汲み取って、それを自分に当てはめるのです。

本田宗一郎は、著書『俺の考え』のなかで、『孫子』や徳川家康の小説がもてはやされていることについて、こう言いました。「習わんよりはいいかもしれないけれども、しかし世の中は変わっている。真理というものは同じかもしれないけれども、私はそんなに即効的にきいてくるとは思わない」。『孫子』や徳川家康を批判しているのではなく、検証なしに絶賛する姿勢をけん制しているのです。「彼《かの》を知り己《おの》を知らば、百戦して殆《あや》うからず」と、敵を知ることの大事さを、『孫子』著者の孫武は説いているわけですが、その真意を知らずに、ただ漠然と言葉だけをありがたがってはダメだということです。

名著を読むときには、教条主義的にその言葉だけをありがたがっては不完全です。**一行を突破口に、文章の本当の意味を理解して、自分に引き寄せて、自分なりの真理とす**

る。そんな「汲み取る力」こそが重要なのです。

真理となりうる一行はシンプルにして鋭利です。研ぎ澄まされた刃のように切れ味よく、すっと人の心へと入り込んできます。

仏教の開祖であるゴータマ・ブッダは、「犀の角のようにただ独り歩め」と言いました。周りの目を気にすることなく、何かに過度な期待を寄せることなく、孤独を恐れることなく、自分の道を進めと言います。その先には、永遠の平穏である涅槃《ねはん》が待っています。

あるいは、キリスト教の聖典である『新約聖書』では、キリストが次のように発言したと記されています。「求《もと》めよ、さらば与《あた》へられん」。神を信じて、祈りを捧げれば、必ず救済されるといいます。

願えば叶う。キリスト教徒のみならず、**目標を達成するために努力を続ける人にとっては、人生の意味を与えてくれる**言葉でしょう。

さきほども紹介したように、山本常朝は『葉隠』のなかで「武士道といふは、死ぬ事と見付けたり」とあまりに有名な言葉を残しています。

これは一種の逆説でしょう。死さえも恐れなくなったときに、真の精神の強さを獲得できる。切腹や介錯を実際に行っていた武士たちの価値観や美意識を、そのまま現代の私たちが本当に体感で理解できるかといえば、難しい。しかし、この一行は、生と死との向かい合い方を示しているととらえられます。

死というものを、老年になってから訪れるものではなく、常に自分の背中に張り付いているものとして意識する。**いつでも死ねると思うことで、目の前のことを悔いなく行い、死の恐怖を克服する**という態度です。受け身で突然襲われる死ではなく、積極的な死、つまり自分から望んで勝ち取る死を想定することでもあります。

人生の柱となる名著の一行

名著と呼ばれる本は、全編にわたって文章が美しく、格調高いことがほとんどです。その文章のすべてを味わい尽くそうとしてもいいのですが、自分の心にぐっと突き刺さる一行を中心に読んでいく断片読みを、あえてテクニックとして身につける。読み通さなければというプレッシャーから解放されて、少しでもいいと思ったらボールペンで線を引いてみましょう。

自分を関わらせて読むことが大事なのです。突き刺さってきた一行を手掛かりに自分を掘り起こす。**思いもかけなかった価値あるものとの出会いを意味する「セレンディピティー」という言葉がありますが、読書を通じてこの感覚を磨くことが、人生にも役立つ**のではないかと思います。

いろいろな情報があふれ、混沌とした時代にあって、「そのとおり！」と、ガッと目を見開かされる一行のある名著を、この章では集めました。

「はじめに」のタイトルにも付しましたが、一行は、一生の先生になる。もちろん、「一行」は複数あっても問題ありません。たくさんあるほうが人生のエネルギー源になることでしょう。ぜひ、精神の糧となる一行を探してみてください。

『ブッダのことば──スッタニパータ』

諸々の生存には患《うれ》いのあることを確かに知って、犀の角のようにただ独り歩め。

真っ直ぐに生きるとはどういうことか

生きることは、つねに苦しみを背負うこと。欲、嫉妬、物事が思い通りに進まないイライラ……。社会の中で私たちはつねに何かに執着し、苦痛が生まれます。

そのような苦しみから脱するには、どうすればいいか。

考え方は人によってさまざまです。キリスト教徒なら罪を悔い改め、神に祈りを捧げることで救われるかもしれません。また、孔子は『論語』の中で、こう言います。「七《しち》十《じゅう》にして心《こころ》の欲《ほっ》する所《ところ》に従《したが》って、矩《のり》を踰《こ》えず」。七〇歳にもなれば、自分の心の欲するままに行動しても、道を踏み外すことはなくなったと。人間は歳を重ねるとともに、「天命」を知り、欲をコントロールすることができるのだから、無理に欲を抑えることはないということでしょう。

そして、仏教では、煩悩が一切存在しない平穏の境地である涅槃（ニルヴァーナ）を目指すことこそ、苦しみからの解放なのです。

仏教の開祖であるブッダの教えを記した仏典は数々ありますが、最古とされるのが『スッタニパータ』です。ブッダが語った、人間としての生きる道をまとめた仏典です。そのなかで、ブッダは、苦しみを和らげる方法、つまり涅槃に近づくための方法をさまざまな角度から説きました。「犀の角のようにただ独り歩む」ことが、そのひとつです。

犀の角は、どこまでも真っ直ぐ。そんな角を持つ犀自身も、目の前に力強く伸びる角の先のみを見つめ、周りを気にすることがありません。その境地を目指し、ブッダは何度も繰り返し「犀の角のようにただ独り歩め」と言葉を紡ぎます。

物質や情といった対象を問わず、欲望は苦しみを生みます。同時に、欲望は甘美です。私たちがそれに執着をすると、釣り竿を使ったように簡単に釣り上げられてしまいます。

しかし、「何でも得たもので満足し」、欲望を捨て去って、「犀の角」のようにただ独り歩む者は、苦しみの根源となる執着から解放されます。その先に涅槃がある。

ブッダの言うことは禁欲的です。子を欲するな、朋友（友人）を欲するな、愛情からは遠ざかれとも説いています。**あえてざっくり解釈するならば、「依存をするな」ということだと私は思います。**相手に自己を投影して期待をすれば、意にそぐわない言動をされたときに心が痛みます。一方で、「他人に従属しない独立自由」の心を持てば、人間関係の些事に左右されず、平穏に生きることができます。

『スッタニパータ』は仏教の聖典ですから、心にわきまえておくべきありがたい言葉が多くあります。「聖者の道は独り居ること」。孤独を恐れる必要はありません。自分の中心軸があれば、「独楽《こま》」のように人生を楽しめます。「全世界に対して無量の慈しみの意《こころ》を起すべし」。自分の周りにある事柄は、すべて愛すべきものなのです。

仏教に親しみのある私たち日本人の心に、ブッダのことばは染み渡ります。モノと情報が錯綜し、つねに脇見をしてしまいがちな現代において、シンプルなブッダのメッセージは心が落ち着くはずです。

『バガヴァッド・ギーター』

あなたの職務は行為そのものにある。決してその結果にはない。

成功も不成功も同一である

現代は、「結果」が求められます。ドラマが始まれば内容そっちのけで視聴率の高低ばかりが取りざたされ、好業績の企業が多少損失を出しただけでも、もう倒産するかのように騒がれます。スピード感が必要な時代などともっともらしく言われますが、確実に私たちは疲弊する。そんな疲れをヒンドゥー教の教えが癒やしてくれます。

ヒンドゥー教の聖典のなかでも、有名なのが『バガヴァッド・ギーター』。日本語では〝神の歌〟です。岩波文庫の説明にはこうあります。「ひとは社会人たることを放棄することなく現世の義務を果たしつつも窮極の境地に達することが可能である、と説く」。
この本を代表する一行が、冒頭にひいた「あなたの職務は行為そのものにある。決してその結果にはない」です。さらに、**「行為の結果を動機としてはいけない。また無為に執着してはならぬ」**と続きます。こうも言います。**「結果を動機とする者は哀れである」**。一時期もてはやされた成果主義を一刀両断する痛快な一言です。大事なのは結果なのではなく、行うことそれ自体にあって、結果を求めることを動機としてはならないと言っている。

この考え方は非常に合理的です。受験や資格試験で考えてみましょう。一生懸命に勉強したけれど、結果は不合格だったとします。しかし、『バガヴァッド・ギーター』の思想に立脚して考えてみると、不合格という結果は重要ではありません。**学びという行動自体から得られたこと、学びの習慣を身に付けたこと、失敗に対して反省したことの方が大事なのです。**教育者として生徒に接してきた私も膝を打ちます。なぜなら、志望校に合格した途端に、燃え尽きた受験生をたくさん見てきたからです。

結果だけを求めると、得たときに頂点に到達してしまうのです。そこから進歩しようとしなくなってしまう。そうならないためにも、行動そのものに価値を見いだして、そこで得たものを大事にすべきです。

さらにこの本では、こうも語られます。**「成功と不成功を平等（同一）のものと見て」**行動せよと。一般的にはマイナスの経験としてとらえられる人生の挫折も、成功と平等に見よ。結果は神に預けよというのです。

もちろんそう思うだけで実際の苦しみが霧消するわけではありませんが、人生をある程度長く生きていると、**不運なできごとがのちの飛躍の礎となったり、結果が出ない時期における人との出会いによって、チャンスが開けたりという経験**は覚えがあるでしょう。また、そういうことがあるという事実が、失敗を恐れず、挑戦する勇気の源泉となる。

『バガヴァッド・ギーター』は「ヨーガ」をよりどころとしています。ヨーガは現在ではエクササイズのひとつとして多くの愛好家がいますが、もともとは「結合」を意味し、絶対者と同一になり、あらゆる苦悩から自由になる「解脱」の境地に達することが目的の修行法です。結果ばかりを求められる今、行動そのものこそが重要と説く『バガヴァッド・ギーター』を読んで、安寧な心持ちを取り戻してみてはどうでしょうか。

『徒然草』　兼好法師

偽りても賢《けん》を学ばんを、賢といふべし。

現代人に役立つ知恵が詰まった最強のハウツー本

古典・名作は、長い時の流れのなかで、多数の読者による厳しい評価をくぐり抜け、生き残ってきたという実績があります。書かれていることは、あらゆる時代で通用するという意味で「真理」に近いものがあります。

そんな一冊が兼好法師の『徒然草』です。**日本の古文の中で、もっとも現代にそのまま「使える」古典といってもいい。**全二四三段からなり、一段一段の洞察が鋭く、情緒とユーモアにあふれているこの傑作は、現代語訳を参照すれば誰にでも読みこなすことができます。

『徒然草』の魅力は、本質をズバッと見抜く兼好の眼力にあります。**「達人《たつじん》の、人を見る眼《まなこ》は、少しも誤《あやま》る所あるべからず」**と兼好は言いますが、まさに本人が達人。「徒然なるままに」出家者が書いた随筆というイメージを裏切る鋭利な指摘にあふれています。

兼好は、馬の名人が馬のちょっとした動作を見て慎重になるのを見て「道を知らざらん人、かばかり恐れなんや」。名人は基本をおろそかにしないことによって、常人には見えないリスクが見えるという。双六がうまい人の「勝たんと打つべからず。負けじと打つべきなり」という言葉に、一身をおさめ、国を保つ道はこれだと肝に銘じている。

「手のわろき人の、はばからず、文《ふみ》書き散《ち》らすは、よし」。字が下手でも、手紙などをどんどん書くことはよいことだという。そしてこう続きます。「見ぐるしとて、人に書かするは、うるさし」。遠慮して、上手な人に代筆してもらうのはよくないことだ。

つまり、兼好はこう言っています。**なにごとも下手でもいいから人前で堂々とやれと。**恥ずかしがる人は「一芸《いちげい》も習ひ得《う》ることなし」なのです。

「天下《てんか》のものの上手といへども、始めは、不堪《ふかん》の聞《きこ》えもあり、無下《むげ》の瑕瑾《かきん》もありき」。

どんな達人だって、最初は下手でさんざん冷や汗をかいてきた、まずは始めよと。「少《すこ》しのことにも、先達《せんだつ》はあらまほしき事なり」。ちょっとしたことでも、先達に教えを乞いたいものだ。ここはよく古文の授業などでも出てくる一節ですね。

そして、学びの基本姿勢として、兼好は冒頭の一行を言います。「偽りても賢を学ばんを、賢といふべし」。**たとえ本心でなくても、賢人に学ぶ人が賢いと言うのです。**

これは決していい加減な態度ではありません。仕事でも勉強でも芸術でも、臆することなく賢い人、憧れの人の真似をしていくことで、やがて本物に近づいていく。

自分の殻は、年齢を重ねるにつれて、なかなか打ち破れなくなります。憧れの対象がそもそも少なくなっていく。誰かを真似られた時点で、いや**真似ようと一歩を踏み出せた時点で、あなたはまだ、何かができる**のです。憧れの対象に同化しようとすることが、自分の思考を更新する一番の早道。そのことを端的な言葉でズバリと言い当てる兼好の洞察力に感嘆します。

人生にとって大事なことは、全部『徒然草』に書いてある。あなたも、肺腑《はいふ》を衝くあなたの一行を探しにこの作品を久しぶりに開いてみてはいかがでしょうか。

『道徳感情論』　アダム・スミス

他人が我々を自然に眺めるときの視線に従って、自分自身を眺めなければならない。

「神の見えざる手」を作るのは、じつは人間——

「神の見えざる手」という言葉に聞き覚えがある人は多いでしょう。

一八世紀の学者であるアダム・スミスが、著書『国富論』のなかで提唱しました。簡単に説明すれば、市場経済において、需要と供給、物価などは、人が介入しなくても、「神」の手によって最適値に落ち着き、社会全体の利益が均衡するという思想です。

現代では、経済学の基礎の基礎とも考えられている「神の見えざる手」ですが、「何でも市場まかせにすればよい」という解釈は誤解です。著者スミスのことを知ると、別の側面が見え、現代の私たちに行動の指針を与えてくれます。

スミスが生きていた時代、経済学という学問分野はまだ発展の初期段階でした。スミスがもともと何を研究していたのかというと、倫理学です。人がどう生きるのかを説く学問です。「神の見えざる手」は、人智を超えた神にひとしい「市場」原理がすべてを支配するという経済理論ではありません。**人が自ら律し、公平に市場経済を営んだ場合に自動調整が働くという、フェアを是とする人生訓**だったのです。

『国富論』に先立つこと一七年、スミスは『道徳感情論』を出版しました。人間の感情に注目し、人間同士の関わりによって感情がどのように変化し、また、利己的な個人感情がどう社会と平和的に共存するのかを追求した一冊です。

紹介した一行「他人が我々を自然に眺めるときの視線に従って、自分自身を眺めなければならない」とは、**ほかの人から自分の行動がどのように映るのか、客観的に考えて行動をしよう**ということです。

自由主義の社会では、法律だけがレフェリーと考えられがちです。しかし、スミスは、それに加えて、「共感」という概念をあげます。それは道徳的に見て正しいかどうかを感情的に判断するということ。**人というものは利己的ではあるけれど、他人の幸せを是認する心を持っています。これが共感です。**さらに、「自分がされて嫌なことを、人にしてはならない」という共感感覚を有することで、社会の秩序を保っているのです。

スミスは、それを「フェアプレイ」と表現しました。「もし彼が競争相手の誰かを押したり、投げ倒したりしたら、観察者の寛恕《かんじょ》は完全に尽きるだろう。それはフェアプレイの侵犯であり、誰も認めることができない」。フェアプレイの精神を持たぬものは、社会に参加する意味がなく、権利もない。人はそのフェアプレイの基準を自分の中に持たなければならない。その基準に従って、自分自身を律する市民が社会を形成することで市場経済は回っていく。そうスミスは主張します。これが神の見えざる手です。

スミスの代表作『国富論』とは、本質的に「人がいかに生きるべきか」を説くものであり、『道徳感情論』の副産物だったのです。

公平な観察者が見たらやりすぎなことは、人にはやらない。人にやられたくないことはやってはいけない。『道徳感情論』が説くことは、要するに**「ダブルスタンダード」はやめよう**ということでもあります。

『方法序説』 デカルト

良い精神を持っているだけでは十分でなく、大切なのはそれを良く用いることだ。

真と偽の見分け方をスパッと四つの規則で示す

われ思う、ゆえにわれあり――『方法序説』で断言された、このデカルトによる哲学の第一原理ほど、根源的なものはありません。

何かを考えている「わたし」という存在は確実に存在するのです。例えば、今、コップを目の前に「これは、もしかしたら錯覚かもしれない」と疑ったとしましょう。それ以前に「いや、そもそも自分自身が存在するのか」と疑ってしまうかもしれません。しかし、「自分が今疑っている」ということは確固たる事実であり、これも疑ってしまうと、もう拠り所がなくなってしまいます。

そこで、デカルトはこう結論づけました。「わたしは一つの実体であり、本質なり本《ほん》性《せい》は考えるということだけにあって、存在するためにどんな場所も要せず、いかなる物質的なものにも依存しない」と。つまり、考えること自体が、自分が存在している証明であるというわけです。

難解な印象を持たれがちなデカルトですが、その言葉は非常に明快で、私たちに生きる推進力を与えてくれます。

デカルトは、良識がすべての人間に備わっているといいます。「正しく判断し、真と偽を区別する能力、これこそ、ほんらい良識とか理性と呼ばれているもの」。**それは生まれつき私たちにあると断言しています。**良識を全員が持っているからこそ、「練習」をして、よりよく用いるべきだとデカルトは付け加えます。これが冒頭の一行です。その練習とは、「真と偽を区別することを学」ぶことです。

デカルトは、よい精神をよく用いるために身につけておくべき規則についても、平易な言葉で明確に綴っています。次のとおりです。

①わたしが明証的に真であると認めるのでなければ、どんなことも真として受け入れないこと。
②わたしが検討する難問の一つ一つを、できるだけ多くの、しかも問題をよりよく解くために必要なだけの小部分に分割すること。
③わたしの思考を順序にしたがって導くこと。そこでは、もっとも単純でもっとも認識しやすいものから始めて、少しずつ、階段を昇るようにして、もっとも複雑なものの認識にまで昇っていき、自然のままでは互いに前後の順序がつかないものの間にさえも順序を想定して進むこと。
④すべての場合に、完全な枚挙と全体にわたる見直しをして、なにも見落とさなかったと確信すること。

「真であると明証する」「小さい部分に分割する」「順序にしたがって導く」「枚挙して全体を見直す」の四規則で真と偽を見分けることができるというのです。

私たちのすべきことを歯切れよく示すデカルトを読むと、「ああ、頭がはっきりしているというのはこういうことなんだ」とよくわかります。

『孫子』

彼《か》れを知り己《おの》れを知らば、百戦して殆《あや》うからず。

自分を知ることは難しい、自分を変えることはやさしい

この一行はよく知られていますね。勝負に勝つためにもっとも大事なことは、「知る」こと。相手と自分、両方について実力や状況をよく知り、彼我の差をつぶさに分析すれば、攻略のための突破口が見つかります。正しい判断のためには、正しい情報が不可欠。それが「百戦して殆《あや》うからず」ということです。

とかく、**敵を知るべしという点がクローズアップされがちですが、じつはこの「己れを知らば」の方が難しい。**自分のことを分析するのは、大変辛いことです。欠点やコン

プレックスにも向き合わなければならないからです。

歌手になりたいという人が、じつは自分の声に深みがないと気づいたら、ショックを受けます。しかし、もっと分析を進めて、リズム感とリリックの瞬発力の才能を見いだせば、一流のラッパーになれるかもしれません。自分の置かれた状況をしっかりと分析して、努力をすれば、目的達成の可能性を最大化することができるのです。

また、失敗を不運で片付けると成長はありません。「自分のせい」と考え、「なぜ失敗したのか」を分析することが求められます。失敗には必ず理由があり、その教訓を次に生かすことが大切です。**相手を変えることは困難ですが、自分は変えられます。**自分を基準にしてこそ、力を正しく蓄えていけるのです。

著者とされる孫武は、紀元前の中国・春秋戦国時代に活躍した武将であり、軍事研究に長けた将軍です。行き当たりばったりに近かった古代の戦争のやり方から脱し、戦略や戦術をシステム化。ただ敵を撃破するだけでない、総合的な「勝ち方」についても記しています。近年では、子どもの心を育む教育書としても評価されています。

ところで、勝つというのは、どのような状況を指すのでしょうか。相手を完膚なきまでにたたきのめせばいいのでしょうか。違います。孫子は言います。「百戦百勝は、善の善なる者には非《あら》ざるなり。戦わずして人の兵を屈するは、善の善なる者なり」と。

自らの利益や承認欲求のために、周りを圧倒する人間は敵を作るだけ。そうではなく、なるべく戦わず、**時には譲歩しながら、自分の目的を達成することを目指してパフォーマンスを最適化する**のが、もっとも賢い戦い方だというわけです。

多数の部下を持つ人なら、こんな言葉も身にしみるでしょう。「卒《そつ》を視《み》ること嬰児《えいじ》の如し」。将軍は、兵士に対して自分の子と同じように思わなければならないということです。上から命令するだけでなく、やさしく見守りながら、時には厳しく指導しなければならない。厳しすぎても、甘すぎても駄目。子育てと同じように、部下を育てるということは上司である自分自身の器量が問われているのです。

「小敵の堅《けん》なるは、大敵の擒《とりこ》なり」。少ない兵力で戦おうとしても、敵の捕虜になるだけだ。**機が熟さないときは、待つ勇気を持て**とも説いています。

二五〇〇年も昔の書物である『孫子』ですが、記された言葉は実用的かつ本質を突いていて、錆びることがありません。毎日を戦う人には必読の一冊です。

『新約聖書』

求《もと》めよ、さらば与《あた》へられん。

助けを求めることは、人のためでもある

『新約聖書』はイエスの使徒であるマタイ・マルコ・ルカ・ヨハネによって伝えられた、イエスの生涯や言行を記す「福音書」などから構成されています。

「求《もと》めよ、さらば与《あた》へられん」。マタイの福音書にあるこの言葉が、キリスト教における神のあり方をシンプルに描き出しています。父である神は、子である信者のために善意を差し出さないわけがない。救いは求める者に対して平等に与えられるということを示しています。

自分の子どもがパンを欲しがっているのに、石をやる親はいない。魚を欲しがっているのに、蛇を与える親はいない。同じように、天にいる父たる神も、信者たちが求めるものを与えてくださるのだとイエスは説きました。

しかし、こうも言います。「求めよ」。自分から求めることが必要です。「天は自ら助くる者を助く」とも言いますが、神は自分から努力する人を救ってくれるのです。

さらに、神が望みを叶えてあげるように、あなたも同じように周りの人を助けてあげなさいとイエスは続けました。自分だけでなく、力を合わせる相互扶助も重要。人間関係が希薄になった現代において、心に留めておきたい言葉です。

じつは、こうした考え方は西洋の代表的な宗教であるキリスト教だけでなく、東洋の儒教や仏教にも通じます。

孔子は「仁を欲すれば、ここに仁至る」として、求めることによって慈しみはすぐにやって来ると説きました。親鸞は、「善人なおもって往生をとぐ、いわんや悪人をや」と、仏に助けを求める人はすべからく成仏できると記します。**ピンチのときには声を上げて、救いを求めること。その重要性は宗教の別を超え広く説かれている**のです。

「求めよ」は、シンプルですが重要な考え方です。弱みを見せることを恥と考えて、声を上げられず、袋小路に追い詰められてしまうことは多々あります。そうなる前に、助けを求めることは社会の厚生にもつながる。**「求めよ、さらば与へられん」は、人のためでもあるのです。**

『新約聖書』は、読み物としても秀逸です。「パンがなくとも人は生きられる」「さがせ、きっと見つかる」「口から出るもの、これが人をけがす」。数々の名言に胸が高鳴ります。「汝《なんぢ》らの仇《あた》を愛《あい》し、汝《なんぢ》らを責《せ》むる者《もの》のために祈れ」。敵を愛し、敵のために祈れ。敵である相手も神の子なのであるから、その者のために祈りを捧げるべきと説くのです。

特に、マタイの福音書がおすすめです。聖母マリアから生まれたイエスが、ヨハネから洗礼を受け、悪魔の誘惑を断ち切ったり、さまざまな奇跡を起こしたりしながら、磔《はりつけ》にされてしまうまでの生涯を描いています。思わず手に汗握ります。とくにバッハの「マタイ受難曲」を聞きながら読んでみると、不思議な感動に包まれますので、ぜひお試しください。

『論理哲学論考』　ウィトゲンシュタイン

謎は存在しない。問いが立てられうるのであれば、答えもまた与えられうる。

解決できない問題は考えるだけ無意味である

見通しが立たない状態になると、人は不安に陥ります。
ゴールが見えない仕事を与えられたら、自分が何をしているのかわからず、虚無感に襲われます。また、人生一〇〇年時代の最近では「長生き地獄」とも言われるように、**「先が見えているのに、先が見えない」**老後の不確定性が私たちをおびやかします。

人生には理不尽な出来事がつきもの。いつなんどき暗中模索を余儀なくされることもあるでしょう。そんなときには、「謎は存在しない」という『論理哲学論考』の一行を思い出してみましょう。

著者のウィトゲンシュタインは、オーストリアのウィーンに生まれ、のちにイギリスに渡った哲学者です。彼の生前唯一の著書である『論理哲学論考』は、簡単にいえば、私たちの言語の限界が私たちの認識の限界であり、哲学の目的はもやもやした思考を「論理的明晰化」することにあると説いた本です。

「およそ語られうることは明晰に語られうる」と断言し、「本書に表された思想が真理であることは侵しがたく決定的」とする堂々とした語り口は非常に頼もしい。ここまで明確に言い切ってもらえると、安心したくなります。

さて、ウィトゲンシュタインに言わせれば、「謎は存在しない」のです。なぜなら、「問いが立てられうるのであれば、答えもまた与えられうる」からです。**もし、自分にとって「明晰に」立てられた課題があるのならば、それに対する「答え」は必ず存在します。**立脚点がしっかりとしているのであれば、その先に答えがある。現状を分析し、論理立てて物事を進めていくことで、答えは導かれうる。

一方で、言い表せないこともあると、ウィトゲンシュタインは言います。「だがもちろん言い表しえぬものは存在する。それは示される。それは神秘である」と。その「神秘」とは、「世界がある」こと。「世界がいかにあるか」ではありません。世界の成り立ちは語ることができる。一方で、「語りえぬものについては、沈黙せねばならない」。

そのほかにも、『論理哲学論考』では、多数の興味深い事柄が綴られます。「事実はただ問題を導くだけであり、解決を導きはしない」。与えられた事実を丸呑みするのではなく、自分の頭で検証することが大事です。

生きる意味についての論考もシンプルです。「生の問題の解決を、ひとは問題の消滅によって気づく」と言います。**「生の問題の解決」＝「死」と解釈すると、「死」は、人にとって問いがなくなることです。**そう言われてみると、私たちにとっての死が最大の解放ととらえられ、恐怖が少しやわらぐ気もします。

『論理哲学論考』を読めば、頭がしゃっきりします。難解な文章もありますが、気になるフレーズを拾い読みしていくだけでも刺激的です。哲学は思考を明晰にし、その限界をはっきりさせねばならない——そんな信念から書かれた一冊からは、シンプルで迷わない筋の通った思考方法を学べます。

『荘子』

万物をば、ことごとく然《しか》りとし、是《ぜ》をもって相蘊《あいつつ》む。

勝たないけれど負けない、そんな境地がある

老子とともに、「老荘思想」の提唱者とされ、中国の偉大なる思想家として讃えられるのが荘子です。「道」を説き、人が知や欲を働かせずに、万物の法則性に従って自然に生きることを是《ぜ》としています。**運命のままに従うことこそ至上の徳である。なりゆきに任せて心を自由の境地に遊ばせよ。**そう説いています。

荘子と老子の思想には類似する点がありますが、語り口が大きく異なります。老子はテーゼが前面に出たどちらかというと無骨な印象の語り口です。一方の荘子の説諭は、

寓話のような形で物語を交えながら、生きる上での大切なことを説いています。

荘子の思想のなかで、もっとも特徴的なのが、「万物斉同論《ばんぶつせいどう》」です。一行として掲げた「万物をば、ことごとく然りとし、是をもって相蘊む」。**すべてのものは「斉《ひと》しいもの」であるととらえ、すべてのものを「是《ぜ》」として受け入れるという考え方です。**

万物斉同論では、池と肥だめは同じです。蛾と蝶も同じです。すべてのものが同じであると価値を相対化することによって起こるのは、対立の排除です。「万物をば、ことごとく然り」なので、その違いを議論する必要はありません。存在するものをすべて受け入れることで、争いのない平穏な日々が訪れるのです。

荘子の考えでは、生と死も同じものです。人間が生きているというのは、生命を構成する「気」が集合しているということである。気が集合すると生になり、離散すると死になる。生死は「気」の集散にすぎないと喝破します。

さらに、貧困、苦労、恐怖など、**人が避けたいものは、虚妄である。**虚妄に取り憑かれることなく、運命に従って生きることで、何物をも失うことのない恐れのない境地に辿り着くことができるというのです。

道に従って生きることは、養生にもなります。庖丁《ほうてい》という料理人は、梁の国王に呼ばれて、牛を見事に解体しました。その秘訣を聞かれた庖丁は、「技」ではなく「道」であると答えます。心で牛を見ると、筋肉や臓器の間に隙間が見え、修練を重ねるとその間隙は大きくなる。刃を通すのは容易で、その証拠に一九年使っている刃に刃こぼれはないと庖丁は言います。国王は、その庖丁の言葉に、養生の道を見たのでした。

荘子は、一流のストーリーテラーとしての顔も持っています。有名なところでは「胡《こ》蝶《ちょう》の夢」があります。荘子は自分が胡蝶となって花の上で遊んだ夢を見て目を覚ます。自分が胡蝶の夢を見たのか、胡蝶が夢を見て荘子になっているのか疑った――という故事は、現実と夢の区別は曖昧であることのたとえとして用いられます。カタツムリの右の角の上にある国と、左の角の上の国が戦争したという「蝸《か》牛角上《ぎゅうかくじょう》の争い」も、小さなことをめぐるくだらない争いの例です。

時に世の中の本質を一言で串刺しし、イマジネーションをかき立てる物語で芳醇に語る荘子。なかでも、**万物斉同の思想は、「勝たないけれど負けない」しなやかな精神を与えてくれそうです。**

第3章

一行で、未知の世界の扉を開く

——想像力をきたえる読書

名著の想像力は人類の貴重な財産

人間に生まれた醍醐味は、今生きている目の前の現実とは違う世界を思い描けることにあります。

犬や猫などの動物は、毎日を楽しんでいるかもしれません。しかし、地球以外の星に移住したらどんな生活が待っているのかなど夢にも思いませんし、何百年も前の自分たちの祖先がどんな暮らしをしていたのか、思いを馳せることなどしないでしょう。

しかし、人間にはそれができます。

小説家や思想家たち、「作家」と呼ばれる人たちは、誰も見たことのない世界を、リアリティをもって描くことができます。人間が神から与えられた最高の能力をもった人たちなのです。

近松門左衛門は、「虚実皮膜」を唱え、芸術というのは虚構と事実の間の微妙な接点に成り立つものだといいました。**現実よりも濃密で迫力のあるリアリティが、作家の作り出す世界のすごさです。**

たとえば、ウンベルト・エーコの『薔薇の名前』なら中世イタリアの修道院生活を、アラビアン・ナイトで有名な『千夜一夜物語』を読めば、ものの一分で、イスラム世界の強烈な異国情緒と幻想の世界に飛ぶことができますね。夜一〇ページ読むだけでも、全然違う世界に入り込める。そのことによって日常を異化することができる。明日への活力が補填《ほてん》されるのです。

読書とは体験である

一方で、読書を重視しない人のなかには、「読書よりも実際の体験が大事である」と言う人もいます。しかし、これは根拠のないことであり、もっといえば、まったく成立していない命題です。なぜなら、読書と体験は切っても切り離せないものだからです。**読書は、想像力を刺激します。体験の動機にもなります。**藤原新也さんの『印度放浪』を読んでアジアを放浪したり、沢木耕太郎さんの『深夜特急』に影響されてバックパッカーになったりした人は数多いでしょう。

エッセイに限りません。ゲーテの『ファウスト』を読めば、ファウスト博士のようにこの世のすべてを知りたくなり、それが学問探求の動機となるかもしれません。偉大な名著に編み込まれた想像力は、人に体験をうながしてくれるのです。

また、読書を通じて、自分の感覚をしっかりと定着させることもできます。「暗黙知」という言葉があります。うまく言語化できないけれど、身体感覚として経験として定着された知恵のことです。読書においては、暗黙知をみごとに言語化した一節に出会うことが多々ある。**「自分と同じ考えをする人がここにもいた」という気持ちは自己肯定感につながります。**すぐれた著者が自分の感覚を認めてくれた事実は、自信につながりますし、自分の感覚と作者の想像力が溶け合う瞬間は、最高の快感となるのです。

読書の醍醐味は、作者の想像力を楽しむことです。そして、その想像力は実体のない空想ではなく、私たちにたしかな「体験」を与えてくれるのです。

『平家物語』には現代の感覚からすれば理不尽と思える死が出てきます。『百年の孤独』に出てくる近親婚も現実には受け入れがたいでしょう。しかし、それらを野蛮だと決めつけてしまえば、作品世界を味わえません。現代的な感覚をスイッチオフにして、作品の世界観に自分を従わせる。自分の常識や先入観をいったん「カッコに入れる」。

これを繰り返すことによって、自分の世界が広がる感覚が味わえる。

人は年を重ねるにつれて、何を見ても、どこへ行っても、「まあ、このぐらいだろう」とあらかじめ判断しがちになります。人生でそれほどむなしいことはないでしょう。**その隘路《あいろ》から抜け出すには、自己をふたたび拡張しなければならない**。ある意味で、自分の中に「持っている」分しか、私たちはこの世界を楽しむことはできないのです。

その点、作家は、自分が背負ってきた文化や伝統を棚卸しして、整理し、自分なりの形に調理して私たちの前に提示してくれているのです。そのエッセンスを私たちは追体験できる。それはなんと贅沢な時間でしょうか。

ゲーテは、エッカーマンとのやり取りの中で、こう言いました。「ひとかどのものを作るためには、自分もひとかどのものになることが必要だ。ダンテは偉大な人物だと思われている。しかし彼は、数百年の文化を背後に背負っているのだよ」（エッカーマン『ゲーテとの対話』）。物語を編むことは一見簡単なように思えます。書店に行けば、何十冊何百冊もの新しい小説が出版されている。しかし、それらは玉石混淆。「ひとかどのもの」であるのかどうかはわかりません。

名著は、時代の洗礼によって「ひとかどのもの」であることが保証されています。私たちの手に届くまでに、多くの人が読んで感銘を受け、時には翻案されて別の作品になり、時には引用されながら、じつは少しずつ私たちの心に流れ込んでいます。その源流に触れたとき、オリジナルの持つ重みを感じ、「ひとかど」の伝統をしっかりと受け取ることができるでしょう。

大いなる想像力が祝祭を生む

スペインの作家・セルバンテスによる小説『ドン・キホーテ』の主人公、ドン・キホーテは、本がきっかけで新たな人生を手にしました。当時流行していた騎士道物語を読んで、自分が騎士であると信じ込んだドン・キホーテは、世界にはびこる悪をただすために冒険の旅に出かけたのです。人とは異なった地平にいるドン・キホーテは、周りの空気をガラッと変えてくれます。そうした人物の周囲には、祝祭感覚が生まれます。

想像力によってつくり出された世界をこちら側に引き込む。そして日常に風穴を開けるきっかけとする。読書をするひとつの醍醐味です。さすがに、ドン・キホーテその人ほどの妄想力を持つことは難しいかもしれません。しかし、たとえば移動時間に一〇分間でも読んでみる。

想像力を欠いた人生というのは、ずいぶんさみしいものです。遊びがなくなります。追い詰められもします。仕事、家事、勉強——想像力が欠如していると、目の前の現実が自分にとってすべてになり、感情の隘路からのがれるすべがなくなります。

読書の醍醐味は、しょせんは活字にすぎないものが、頭の中で映像になり、声になること。ある本が映画化されたりドラマ化されたりすると、キャスティングされた俳優やロケ地について「原作のイメージと違う」という印象を持った経験は多くの人にあるでしょう。たいていは「本のほうが面白かった」と思ったりもする。それは自分の頭の中のイメージのほうが〝完成度〟が高いからです。**逆にいうと、本がもたらすイメージ喚起力は私たちの頭を徹底的に鍛えてくれる。いわゆる「頭がいい人」というのは、この能力にすぐれた人**だと言っても過言ではありません。

この章では、そんな人間だけに与えられた特権である想像力を、刀の一閃のごとく喚起する一行を集めました。

『ファウスト』 ゲーテ

留《とど》まれ、お前はいかにも美しい

人の偉大さを讃える壮大な冒険譚

ゲーテは、人類史上のなかでも、比類ない知性と情熱、感性を兼ね備えたスーパースターです。『若きウェルテルの悩み』などの傑作文学を残し、自然科学者としても植物のメタモルフォーゼ（変態）や、光と色の関係を解き明かす色彩論などで知られます。

そんなゲーテの最高傑作が『ファウスト』。二〇代の頃から執筆を開始し、完成したのは八〇歳をすぎた一八三一年。精錬された貴金属のような珠玉の大作です。

物語の主人公は、哲学から法学、医学、神学まで、世の森羅万象を極めたファウスト博士。もう何も知ることはないと絶望した博士の前に、悪魔の使いであるメフィストフェレスが姿を現します。「君は誰だ」と問うファウストに対して、「常に悪を欲して、しかも常に善を成す、あの力の一部分です」とかっこいい自己紹介。

メフィストフェレスは、すべての快楽をファウストに味わわせると提案します。一方のファウストは、もし感動のあまりこう言ったら、自分を縛り上げて地獄へ連れて行けと返します。**「留まれ、お前はいかにも美しい」**。

契約が成立した瞬間です。そして、ファウストとメフィストフェレスの時空を超えた冒険が始まります。「時よ止まれ、お前はいかにも美しい」とも訳されるこの一行は、エンタテインメントの歴史に残る科白です。

ファウストが求めているのは、単純な快楽ではありません。**全人類の深層に眠っている意識そのものです。**「自分の精神でもって最高最深のものを敢《あ》えてつかみ、人類の幸福をも悲哀をもこの胸に積みかさね、こうして自分の自我をば人類の自我にまで拡大し、結局は人類そのものと同じく私も破滅しようと思うのだ」。**人類の幸せも、悲しみも自分のものとして経験し、そして破滅する。**すべてを知り尽くそうとするファウストのなんとも壮大な思いをメフィストフェレスは叶えようとします。

清純な乙女グレートヒェンとの悲劇的な恋を経験し、トロイアの美女ヘレネと出会い、人造人間であるホムンクルスを創造するファウストとメフィストフェレス。旅の終わりが近づきます。ファウストは、何百万人が幸せに暮らせる土地の開拓を決意します。

そして、ファウストは夢を見ます。そこでは、何か困難があっても「協同の精神」によって、人が助け合う。「**知恵の最後の結論はこういうことになる、自由も生活も、日《ひ》毎《ごと》にこれを闘《たたか》い取ってこそ、これを享受《きょうじゅ》するに価《あたい》する人間といえるのだ、と**」。人は助け合い、困難と戦わなければならない。それができる土地と群衆を造る。そんな夢想に、ファウストは言います。「留《とど》まれ、お前はいかにも美しい」。

ゲーテが綴ったファウストの大冒険は、なんとも美しく壮大な人間賛歌なのでした。

ゲーテは、エッカーマンとの対話『ゲーテとの対話』の中で、芸術について、こう語っています。「対象より重要なものがあるかね。対象をぬきにしてテクニックをどんなに論じてもしようがない！」。ゲーテにとって、それは人間なのかもしれません。「**人はただ自分の愛する人からだけ学ぶものだ**」。私がとても大事にしている言葉です。

『百年の孤独』　G・ガルシア＝マルケス

「時間がひと回りして、始めに戻ったような気がするよ」

その足踏み、堂々巡りには、きっと意味がある

ものごとの「堂々巡り」は敬遠されます。話が紆余曲折した上に同じ話題に帰結する日常会話は退屈ですし、「いたちごっこ」という言葉もあります。

しかし反復が折り重なってうまい具合に発酵してくると、まるでチーズのような風味をもつようになります。**文学史上に君臨する、非常に癖の強い南米産のブルーチーズ**——それが『百年の孤独』です。作者のG・ガルシア＝マルケスはコロンビアの出身。新聞記者としてヨーロッパを転々としたのち、映画の仕事をするようになり、小説も手

掛けます。そして、一九八二年にノーベル文学賞を受賞。『百年の孤独』には、世界中の作家や評論家が〝二〇世紀最高の文学〟と賛辞を贈っています。

あらすじは次のとおり。コロンビアのあるコミュニティ出身のホセ・アルカディオ・ブエンディアとウルスラ・イグアランは、「豚のしっぽ」をもつ赤ん坊が生まれるのを避けるため、蜃気楼の村「マコンド」を創設。その隆盛と衰退の一〇〇年を描きます。『百年の孤独』のエッセンスは、冒頭に「一行」として掲げたウルスラのセリフ「時間がひと回りして、始めに戻ったような気がするよ」に集約されるでしょう。マコンドの村では、**「時は少しも流れず、ただ堂々めぐりをしているだけ」**なのです。

例えば、伝染性の不眠症が流行して村民は疲れて眠るためゲームを考えます。誰かが「きんぬき鶏の話を聞きたいか」と尋ねて、「聞きたい」と答えがあると、「聞きたいと答えてくれと頼んだおぼえはない」と返ってきます。こんな堂々巡りが幾晩も繰り広げられると、読む側もわけのわからぬ〝うねうね道〟に迷い込みます。またある人物は魚の細工物を売って手に入れた金貨を魚の細工物に変えるという堂々巡りをし、またある人物は孤独を保ち続けるために経帷子《きょうかたびら》を織ってはほどくを繰り返すといった具合です。

がんばって理解しようとしてもいいのですが、ナンセンスかもしれません。堂々巡りの迷路に入り込み、この混沌を丸ごと楽しむ。自分をマコンドの世界にダイブさせて、うねうねに身を任せるのが、『百年の孤独』の最良の楽しみ方でしょう。

なぜ、そうした読み方が可能なのか。エピソードがいちいちおもしろいからです。マコンドにやって来た物売りがとり出した氷をみて「こいつは、世界最大のダイヤモンドだ」と、その着想がおもしろい。手の平に載せてみると、「煮えくり返ってるよ、これ！」と、混乱する感覚を鋭く描きます。

ほかにも、「空飛ぶ魔法の絨毯が実験室の窓をかすめた」**「不眠症で緑色になったおいしい雛鶏、不眠症でバラ色になったみごとな魚、不眠症で黄色になったやさしい子馬をしゃぶったために、町じゅうの者が起きたまま月曜日の朝を迎えることになった」**など、幻覚なのか現実なのかわからない、詩的なフレーズや奇妙なエピソードの連発。発想の豊かさに、ページをめくる手が止まりません。

効率ばかりを求められる現代、マコンドの人々の語りと祝祭に魂を浸からせれば、**深い部分から心を休めることができる**かもしれません。

『存在と時間』　ハイデッガー

死はいつも各自の死として存在する。

死に対する覚悟をもてば人生はこの上なく豊かになる

存在とは何か。それには、時間が大きく関わっている。

二〇世紀最高の哲学書にして、非常に難解な『存在と時間』の内容を思い切り簡単に紹介すると、こうなるでしょう。

ハイデッガーは、人間を「現存在」として、ほかの存在とは区別しています。確かに、コップも机も、犬も、ダニも地球上に存在しています。しかし、そうしたものにとって存在することは問題になりません。**思考する人間がいるからこそ〝存在する〟のであっ**

て、そこに「在る」ことになるのです。この考えは、デカルトの「われ思う、ゆえにわれあり」に通じるものがあります。

さらに、話題は「現存在」、つまり人間とは何かという議論に発展します。私たちは世界があって、そこにぽつねんと放り出されているわけではありません。「世界内存在」であるのです。「世界」とはいっても、私たちが日常会話で言う世界とは意味が異なります。意味や記号が連関している「世界」です。例えば、道具はその使われ方のために存在しているように、関心や気づかいで私たちは繋がっています。

そんな人間にとって避けられないものがあります。死です。人間という存在は時間の流れに逆らうことができず、その行き着く先には必ず死があることは自明の理です。

もちろん、死が怖くない人はいません。その可能性に目を向けずに、〝今〟に留まることをハイデッガーは「頽落《たいらく》」としました。

死を意識したといっても、人は否応なくこの世の中を生きなければいけません。これを「被投性」といい、何のために生きているのだろうと虚無感に襲われます。

それでは、どうすればいいのか。**死を先取りして、覚悟を決めるべきだといったので**

す。「先駆的了解」です。いつかは死ぬことを意識することによって、生き方が深くなる。「死はいつも各自の死として存在」します。そして、「先駆とは実は、ひとごとでないもっとも極端な存在可能を了解することの可能性」です。死を自分のこととして受け入れる。それによって、未来の可能性に向かって進むことができるというのです。

死を意識しながら、未来の可能性に向かって進む。そうして「死へ臨む存在」となったときに、私たちは過去・現在・未来ののっぺりとした時間軸で頽落するのではなく、完結のある充実した生を生きることができるのです。

死を覚悟することで、生きる力とする、「武士道といふは、死ぬ事と見付けたり」の『葉隠』にも通じるこの考え方は、私たちにとって親しみやすいものでしょう。

現存在である人間がいるからこそ、この世界は存在している。そして、その時間の流れの先にある「死」への先駆的了解をもって、未来の可能性を感じつつ人は生きなければならない。それが、『存在と時間』のエッセンスです。

自分がいるからこそ、世界がある。死は必ずある。限られた時間のなかでこそ、人は前向きに力強く生きることができるのです。

『城』　カフカ

その頭蓋《ずがい》は、上からぺしゃんこに打ちのめされたように見え

いつのまにか「自発的服従状態」になっていないか

『城』は**生きることのじれったさ、もどかしさを贅沢に味わえる作品**です。ある朝、目覚めると毒虫になっていた『変身』や、理由もなく逮捕されてしまった男の顛末を描いた『審判』など、数々の不条理小説を残したカフカが残した未完の小説です。

測量士のKは、ある日、山上の「城」にいる伯爵から仕事を頼まれ、村に到着します。吹雪のなかを到着するも宿に空きはなく、食堂の一角で身体を休めるK。城へと向かおうとするのですが、道は迷宮のように錯綜し、いつまで経っても辿り着くことができま

せん。測量の仕事もさせてもらえず、定住場所も得られません。

城の長官クラムから受け取った手紙には、Kの希望や要求を可能な限り受け止めるようにしたいと書かれています。一方でこうも記されていました。「Kは、労働者になろうとおもえば、なることができる。しかし、その場合は、他の希望や期待をことごとく断念して、仮借のない厳しさを覚悟しなくてはならぬ」。

おとなしく一介の労働者になれば、村に居場所も与えられる。しかし、Kは「意気を阻喪させるような、ふやけきった環境の圧力、幻滅に慣れてしまうことや、微細かもしれぬが、たえずおそってくるいろんな影響などがおよぼす力」に抵抗します。

実際、村の人々は役人に対しては絶対服従。Kのように役人に抵抗する人間をよそ者として排除します。「その頭蓋は、上からぺしゃんこに打ちのめされたように見え、その表情は、頭を打たれたときの苦痛がそのまま固まったような顔つき」をしています。**逆らって痛い目にあうなら自発的に服従してしまおうという全面的なあきらめ、思考停止状態です。**

Kは役所に問い合わせ、下級執事から「測量師として採用された」との回答を得るも、いっこうに仕事に就けません。さらに村長はこういうのです。「まだわれわれの役所とほんとうに接触されたことは一度もないのです」。決裁者にはKの声はいっさい届いていませんでした。諦めないKは、恋人となったフリーダを通じて、長官クラムに取り入ろうとします。しかし、「あなたが考えていらっしゃるのは、ご自身の仕事のことだけ」と見破られてしまいます。

結局、定住も仕事も得られず、異邦人として宙ぶらりんの状態で、Kの物語は終わります。六〇〇ページもの大作ですが、これほどすっきりしない小説もそうはないでしょう。しかし、**徒労と不条理の永久運動のようなその「もやもや」にこそ意味がある**のです。

読み終えると、いろいろな感想を持つでしょう。すべての物事が権威主義で形式主義、おそろしく煩雑な手続きを要し、個人がしだいにからめとられていく「役所」という組織の恐ろしさ。自発的服従の底知れなさ、生きることとの不愉快さ、悪夢と日常との連続性――なにを感じ取っても正解です。「こんな人、いるいる」「こういうこと、あるある」と現実に引き付けて読める部分を追っていくうちに、この作品のじれったさ、もどかしさの虜になっていくのです。

『失われた時を求めて』　プルースト

町も庭もともに、私の一杯の紅茶から出てきたのである。

五感から湧き上がる思い出に浸る最高の贅沢

ふとしたことがきっかけで、昔のことを思い出すことがあります。鮮烈に蘇ってきた思い出に浸り、楽しかったあのときを反芻《はんすう》する。あるいは、辛かった時期を思い出し、余裕を持てるようになった今を噛みしめる。そんな機会となるかもしれません。

年を重ねるごとに実感することは、思い出は財産だということです。インターネットで得た情報だけでは再現できない手触りをもって、私たちの人生を豊かにしてくれる。

しかし、問題は、記憶は引きずり出すのが難しいことです。

文学史上に残る傑作としてその名を轟かせる『失われた時を求めて』。プルーストが半生をかけて書き続け、後世の作家に多大な影響を与えた本作は、四〇〇字詰め原稿用紙にして一万枚と言われる壮大な〝記憶〟を巡る物語です。

作品では歴史の彼方に消え去りつつあった貴族界、新興のブルジョア社会が描かれ、運命的な恋愛と失恋、芸術への考察などが描かれます。大事件が起きるわけではありませんが、その観察は細かく、微に入り細に入り、表現は非常に巧緻かつ芳醇。

そんな語り手の思い出を引き出すのは、紅茶とマドレーヌでした。

語り手は「マドレーヌのひと切れを柔らかくするために浸しておいた紅茶をスプーンにすくって口に」運びます。そうすると、**「人生の苦難などどうでもよくなり、災難など無害なものにすぎず、人生の短さなど錯覚だと思われ」**るような快感が湧き上がり、思わず身震いします。その快感の源泉は何なのだろうか。

語り手は、何度も繰り返します。そして、ついに辿り着きます。その快感とは、少年時代に休暇を過ごした〝思い出〟であったのだと。そして、思い出を引きずり出してきたものは、「叔母がいつも飲んでいる紅茶か菩提樹《ティユール》のハーブティーに浸して私に差し出してくれたマドレーヌの味」だったのだと。

思い出とははかないものです。その時を過ぎさればすぐに過去となり、さながら廃墟のように風化してしまいます。しかし、その思い出が感覚と結びついていれば、何かのスイッチが入ったように突然、頭の中ではっきりと再現されます。

『失われた時を求めて』では、少年時代に過ごしたコンブレーの村全体とその周辺、ヴィヴォンヌ川の睡蓮、善良な村人などはすべて、「匂いと味のほとんど感知できないくらい小さな滴《しずく》の上」で支えられます。そして、**感覚でできた滴は小さくても強固で、「思い出の壮大なる建築物」をしっかりと支える**のです。

記憶のスイッチは、誰にでもあるでしょう。私の場合は秋に咲く花、キンモクセイです。高校時代、その香りが大好きでした。キンモクセイの咲く庭を求めて、自転車で遠回りをして帰っていました。今でも、キンモクセイの香りをかぐと、そのときに考えていたことや友だちのことなど、青春時代の記憶を鮮明に思い出すことができます。

どんな情報も瞬時に得られる今ですが、身体感覚を伴う記憶、気分、感情まではトレースできません。**記憶という財産の豊かさに瞠目する作品**といえるでしょう。

『武士道』　新渡戸稲造

最も進歩的な思想を持った日本人でも、その皮膚を剝《は》げば、一人の武士が下から現れる

あなたの中にもきっとサムライが生きている

誰にでも生きる上で「これをしてはいけない」「こう生きるべきだ」という根本的な拠り所となっているものがあります。欧米の多くの地域では、それは宗教であり、もっといえばキリスト教の教えです。

無宗教といわれることもある私たち日本人にとって、それはなんでしょうか。なかなか難しい問題です。これに対し、答えを出したのが新渡戸稲造です。新渡戸は、「武士道こそが日本人の倫理、道徳心の柱である」と、国際社会にアピールしました。武士道

こそが、私たち日本人の背骨であるというわけです。

新渡戸が英語で書いた本『武士道』は、日本語はもちろん、ドイツ語やフランス語など各国語に翻訳され、世界的なベストセラーとなりました。

ではその「武士道」とは何か。**「義」「勇」「仁」「礼」「誠」「名誉」「忠義」から成る道徳です。**

「義」は武士の掟の中で、もっとも厳格な教訓であると新渡戸は言います。「義」とは、正しきことをすること。正々堂々とした行動であり、信念に真っ直ぐな行動です。「正義」と言い換えることもできるでしょう。「武士にとりて卑劣なる行動、曲りたる振舞いほど忌むべきものはない」のです。

「義」と「双生児の兄弟」のような関係にして、大事なのが「勇」です。孔子が『論語』で「義を見てなさざるは勇なきなり」と説きました。新渡戸は「勇とは義《ただ》しき事をなすことなり」と解釈しました。「義」のためなら、一命を投げ出してでも、戦う勇気を持つべきである。これが「勇」です。ただし、「死に値せざる事のために死するは、『犬死』」です。覚悟を決めて臨むべき「義」であることを見極める大事さを説いています。

フェアに戦い、正しき者の為には勇気を奮い立たせ、礼儀と誠を重んじる。名誉は人生最高の善である。そんな武士道の精神は、現代の私たちの精神的な支柱になります。日常生活や仕事を円滑に進めるためのヒントも詰まっています。

「冷静沈着な人は、刀を用いる正しい時を知っているが、そのような機会は稀にしか来ない」。伝家の宝刀を持つ人は、抜かないからこそ刀は力を持つという逆説を知っています。「武士道は、われわれの良心を主君の奴隷となすべきことを要求しなかった」。主君がおかしなことを言ったとして、黙っているのは義ではない。それを諫《いさ》め、正しい方向へと向かわせることが武士の務めです。それは命がけ。まさに「勇」ある行為です。

実際、「武士道」と言われても、ピンとこない人もいるでしょう。時代が下り、日本において武士という言葉自体が持つ価値が薄れることを新渡戸は予見していました。しかし、「最も進歩的な思想を持った日本人でも、その皮膚を剝《は》げば、一人の武士が下から現れる」。**言葉そのものはすたれたとしても、その精神はずっと受け継がれているのだと、後世の私たちを激励しています。**今一度、『武士道』を読んで、脈々と受け継がれる私たちの精神のルーツを見直してはどうでしょうか。

『嵐が丘』　エミリー・ブロンテ

「彼女が愛想をつかしたとなったら、すぐにも心臓をえぐり出して、血をすすってやるけどな！」

エネルギーは伝染する、とくにこの作品からは確実に

いわゆる〝食わず嫌い〟は人生における損です。

『嵐が丘』を読んだときに痛感しました。〝少女マンガ〟的だろうと敬遠していたのですが、完全な誤りだったのです。スティーブン・キングを感じさせるホラーテイストから始まるや、ラブロマンス、サスペンス、コメディと多種多彩な要素が詰め込まれ、**まさに嵐に飲み込まれたかのように、ぐるぐると作品世界に酩酊していきます。**

著者のエミリー・ブロンテは、一九世紀のイギリスを代表する作家です。姉のシャー

ロット（代表作『ジェーン・エア』）と、妹のアン（代表作『アグネス・グレイ』）とともに、「ブロンテ姉妹」とも呼ばれ、文学史上にその名を残しています。一八四七年に発表された本作は、何度も映画化され、小説やマンガなどの題材になっています。

主人公のひとりであるヒースクリフは、身元不明の孤児として「嵐が丘」と呼ばれる屋敷の当主に拾われ、そこの娘のキャサリンに恋をします。それはキャサリンも同じ。しかし、身分違いの恋は実りません。傷心のヒースクリフは屋敷を去りました。そして、三年後、富を得たヒースクリフは「嵐が丘」へと舞い戻ります。自分を絶望の淵へと追いやった者に復讐をするために。

ヒースクリフとキャサリンは確かに愛し合っていました。いや、〝愛〟という言葉で片付けられる関係を超えた存在でした。キャサリンは言います。「ヒースクリフとわたしの魂はおなじもの」。自分と相手とが同一に溶け合うほどの熱い気持ち。**ここまで思い合える相手とこの世で出会えるのは、奇跡以外の何ものでもありません。**

したがって、それが裏切られたときのヒースクリフの激情は、想像を絶するものでした。それが紹介した一行「彼女が愛想をつかしたとなったら、すぐにも心臓をえぐり出して、血をすすってやるけどな！」。思いの強さゆえの、常軌を逸した発想です。一方のキャサリンも、「悪いことをしたというのなら、その報いで死んでいくんだわ。それで充分よ！」とひるみません。魂を共鳴させた二人は、似たもの同士なのでした。

ヒースクリフが、自分の義理の妹と結婚すると、キャサリンは嫉妬に狂って死んでしまいます。一方のヒースクリフは、キャサリンの墓をあばき、亡骸とともに荒野を駆け回ります。「過去にも幽霊たちはこの地上をさまよってきたじゃないか」「いつでもそばにいてくれ――どんな姿でもいい――」。**この膨大なエネルギーをひたすら浴びてください。**

ヒースクリフの復讐は、留まることを知りません。自分の憎悪の決着をつけるために、息子のリントンと、キャサリンの娘を結婚させようとするのです。一方で、ヒースクリフに罵られるキャサリンの娘も負けません。「あんたなんか怖くないわよ！」「そして彼に詰め寄っていきました――黒い瞳に怒りと決意をギラギラみなぎらせて」。

結果を予測してちぢこまりがちなこの時代に生きる私たちに、自分の殻をぶち破るきっかけをくれる。『嵐が丘』はそんな作品かもしれません。

『ドン・キホーテ』　セルバンテス

「今回の戦いでひどく叩きのめされはしたが、辱《はず》しめを受けたわけではない」

想像力は百難をかくす

ボケとツッコミを適度に織り交ぜる当意即妙のやり取りと、少しくらい嫌なことを言われても気にしない鈍感力。現代では、定義がとても曖昧な「コミュ力」（コミュニケーション力）なるものがもてはやされますが、人と人との基本的な会話に関しては、今あげた二つの力が重要なのは変わりありありません。

それを学ぶのにぴったりの小説があります。近代小説を確立したといわれる『ドン・キホーテ』です。

一七世紀の初頭に書かれた本作を、古びた小説などと思っては大間違い。現代人が読んでも、大いに笑って大いに感動できる傑作です。

主人公のドン・キホーテは、当時流行していた騎士道物語を読み過ぎたため、虚構が現実であると思い込んでしまった田舎者。そして、下級貴族の身分にもかかわらず、「ドン」を自ら冠して、ドン・キホーテを名乗り、冒険の旅へと出かけます。目的は、「正すべき不正」「改めるべき不合理」を自らの手で改めるため。そして、「鎧《よろい》に身を固め、できそこないの兜《かぶと》」を被った、当時としても時代錯誤の頓珍漢な格好で、やせ馬のロシナンテに跨がり旅立ちます。農夫のサンチョ・パンサを従者に従え、〝漫才コンビ〟を結成してからはますますページをめくる手が加速していきます。

あるとき、ドン・キホーテは言います。「ほら、あそこを見るがよい。三十かそこらの途方もなく醜怪な巨人どもが姿を現したではないか」。ドン・キホーテが発見したのは、ただの風車でした。それが巨人に見えたわけです。サンチョは普通にツッコミます。「あそこに見えるのは巨人なんかじゃねえだ。ただの風車」だと。しかし、ドン・キホーテは「お前はこうした冒険にはよほど疎いと見えるな」とまったくひるまず、風車へと突撃していきます。このようにとぼけた、愛すべき会話が全編にわたって続く。日常会話にも取り入れることができそうな、ボケとツッコミの応酬を堪能しましょう。

ドン・キホーテから学ぶことができるのは、自己肯定力です。旅の途中で大勢の馬方に棒で叩かれてヒドい目に遭わされた彼はこう言います。「われわれは今回の戦いでひどく叩きのめされはしたが、辱しめを受けたわけではない」。なんというポジティブさ。負け惜しみにも聞こえますが、**自分を肯定する力によって、ついには自分自身を騎士たらしめる。**鈍感力が彼の強さでもあります。

何を言われようが、自分の信じた道を進み、周りを巻き込んでいく。そんな人物こそが「祝祭」を起こします。人を育て、未来を照らしていきます。恐らく、明治維新の吉田松陰や坂本龍馬といった志士もそうだったことでしょう。

現代は標準を少しでも外れると「変わっている」とそしられ、ささいな言行不一致が叩かれます。ドン・キホーテは言います。**「運命というものは、人をいかなる災難にあわせても、必ず一方の戸口をあけておいて、そこから救いの手を差しのべてくれる」。**その精神をもって、自分だけの人生を強く生き抜きましょう。

『源氏物語』 紫式部

「いづれをもなだらかにもてなして、女のうらみな負ひそ。」

まず「葵の巻」から読んでみよう

日本人で『源氏物語』を知らない人生というのはさびしいものです。

しかし、原文で読むのは難しい。冒頭から読んでいこうとすると、まず挫折します。

私はまず「葵の巻」を読んでほしいと思います。

光源氏の愛人である六条御息所は、源氏からの愛に頼りなさを覚え、都から伊勢へと下ることを考え始めます。その噂を聞きつけた桐壺院は、源氏をこういさめます。

「人のためはぢがましき事なく、いづれをもなだらかにもてなして、女のうらみな負ひそ」。与謝野晶子による『源氏物語』の翻訳を参照すれば、「相手の名誉をよく考えてやって、どの人をも公平に愛して、女性の恨みを買わないようにするがいいよ」。

そして院の言葉を裏付けるような出来事が起こります。源氏の正妻である葵の上は、妊娠中でしたが、気晴らしのために賀茂祭の見物に来ていました。同じく、見物に来ていた六条御息所は、見物場所を巡って葵の上の一行と衝突。牛車の位置をめぐる争いの末、葵の上は六条御息所に恥をかかせてしまいます。

恨みに思った六条御息所は、生霊となって葵の上のもとに現れます、葵の上は病に伏せ、その後難産の上に男児を出産するのですが、命を落としてしまいます。

前半のクライマックスがこの「葵の巻」。**日本文学史上において生霊が登場したのは、この『源氏物語』が最初であると言われています。**紫式部のイマジネーションは多くの作家や芸術家に影響を与えました。三島由紀夫の戯曲「葵上」など、「源氏物語」を題材にした演劇や映画では、葵の上が中心的な人物のひとりとなることが多い。

そもそも、この桐壺院は源氏のお父さんで、義理のお母さんの藤壺は源氏の初恋の女性。その藤壺と禁断の恋に落ちて子どもまでもうけ、さらに彼女にそっくりな若紫という少女を好きになり、略取して自分好みの女性に育て、紫の上として妻にする。**考えてみれば不義また不義のすごい小説です。**ロリコンの語源になったナボコフの『ロリータ』にも「紫の上」が出てくるぐらい、源氏は世界的に有名なロリコンですが、少女ばかりでもなくあらゆる年齢の女性に声をかけている。

その紫の上も最後は帝から降嫁した少女（女三の宮）と源氏が結婚したことで、悲しみに引き裂かれる。女三の宮のところに通う源氏が、紫の上に「今宵《こよい》ばかりは、『ことわり』とゆるし給いてんな」（もう一晩だけは世間並みの義理を私に立てさせてやると思って、行くのを許してください）と弁解するのに対し、「すこしほゝえみて、『身づからの御心ながらだに、え定《さだ》め給ふまじかなるを。まして、『ことわり』も、何も、いづこにとまるべきにか』」（ほほえみながら、「それ御覧なさいませ。御自身のお心だってお決まりにならないのでしょう。道理のあるのが強味ともいっておられませんわ」）と突き放す。この紫の上の微笑みにどんな苦悩があるのか。想像をかき立てられます。

その後、千年に一度のモテ男の源氏はどのような因果応報の人生の秋を迎えるか——
読まないという選択肢はありません。

第4章

一行で、人間の強さと弱さを知る

——理解力をきたえる読書

名著は人生の拡大鏡

人間は弱いものであり、また強いものでもあります。人間は強い部分と弱い部分が矛盾しているように思えますが、日々生きていくなかで、人間は強い部分と弱い部分をあわせもっていることを実感している人も多いでしょう。

仕事をバリバリとこなして、つねにプロジェクトのイニシアチブをとっている人が、ふとしたことをきっかけとして這い上がれなくなることもあります。一方で、いつも声が小さくて、優柔不断に思われる人が、苦境の中で強く立ち振る舞うこともあります。

人は、「強い／弱い」の二元論で語ることはできません。その境界は本人にもとらえられず流動的で、多彩な色あいを持つ点こそが、人間のふしぎさです。

経済至上主義のいま、私たちは普通に生活していると、市場に最適化された能力だけを頭の良さと見なす方向に行きがちです。教育の現場でも、高校の国語を論理国語と文学国語に分ける新指導要領が数年後には実施されますが、見方がちょっと浅いという感じがします。

人間というのはトータルなもので、言語を使って考えること自体を「論理」と「文学」に分けられるわけがありません。論理の裏には感情があり、人間の強さがあり、弱さがあるわけです。そこを読み取らないといけない。**人間への理解がなければ、実際の人間社会を動かす論理など、とうてい読み取ることはできないと思います。**

つまり論理的思考力だけでは人間のことも、社会のこともわからないのです。

求められるのはもっと深い「理解力」です。思い切りざっくり言えば「ああ、人間ってこんなに弱い生き物なんだ。しかし……」という視点です。

強さと弱さを兼ね備える人間が魅力的

人間は弱いものであり、また強いものでもある、というのは、私たちの日々の生活のなかで何となく感じることはできますが、明瞭に認識することは意外とできません。そこを拡大して見せてくれるのが文学のよさです。物事の本質を透き通らせて見せるプロフェッショナルである作家は、人間の弱さも強さもともに拡大して見せてくれる。

強いだけの人間というのは面白くありません。物語世界ではなおさらです。どこまでも強い意志を持ち、ぶれず、何事にも影響されずに突き進むキャラクターは単純です。どんな人間も、運命を前にしては弱者です。しかし、まさに運命と闘うところにこそ人間の強さは表れる。**否定性の経験にもまれながら、いかに闘うか。いかに強さを身につけていくか。キャラクターの魅力はそこに生まれます。**

現代においても、何度も上映される名作を世に残したシェイクスピア。その四大悲劇のひとつである『マクベス』の主人公・マクベスは、勇猛で知られる武将でした。ある日、魔女にそそのかされて王を殺して、自分が王になろうとします。

しかし、マクベスは逡巡するのです。自分が王になりたいが、主君である現在の王を殺すことはなかなか決断できない。そんなマクベスに対して、夫人は言います。

「魚《さかな》は食《く》いたい、脚《あし》は濡《ぬ》らしたくないの猫《ねこ》そっくり」

優柔不断な猫にすら喩えられてしまうのです。物語全体の流れが抜群におもしろい『マクベス』ではありますが、勇将のなかにある弱さに注目して戯曲を読むと、その魅力が何倍にも輝くように思えます。

名著は魂を守るシェルター

あるいは、浄土真宗の開祖である親鸞の弟子が記したとされる『歎異抄』からは、弱さと背中合わせにある強さを感じ取れるでしょう。人間というのは基本的に弱いものです。欲や煩悩に惑わされ、取るに足らないように見えることですら、深く苦悩します。しかし、親鸞は言います。「**本願《ほんがん》を信《しん》じ念仏《ねんぶつ》を申《もう》さば仏《ぶつ》になる**」。成仏するという願いを持ちながら、ただただ念仏を唱えることで、人は仏に近づくことができるのだと。人間は弱い存在ですが、ひとつのことを信じて続けることで、心を強くしていくことができるというのです。

『歎異抄』は小説ではなく仏教書ですが、文学ならずとも名著からは、人間の強さと弱さのせめぎ合いから発する輝きを感じることができます。

名著、とりわけ古典というのは、一種の「魂の避難場所」です。現在の状況で困難に直面したり、行き詰まりを感じたりしたときなどは、名著の世界に沈潜することで心を癒やし、あるいは鼓舞して、再び強く上昇するきっかけをもらえるのです。

『カラマーゾフの兄弟』　ドストエフスキー

「人生の意味より、人生そのものを愛せ」

意味があるから好きではなく、好きだから意味がある

この小説ほど、人の心を深く掘り下げた作品はありません。**読んだ人と、読まない人では、心の深度が数百メートルは違ってくる。**それがこの『カラマーゾフの兄弟』です。

カラマーゾフ家の兄弟と、その父を巡る物語で、登場人物がまず魅力的。三男で主人公のアリョーシャ・カラマーゾフは敬虔な修道者で、包容力のある優しい青年です。その家族はというと曲者ぞろい。父親のフョードルは欲望の権化で、好色家。一言でいえば〝サイテー〟です。長男のドミートリイは、直情径行型で荒々しくあるけれども、裏

虚無的で、鋭い知性を持っているのですが、次男のイワンは、を返せば情熱のある人物。次男のイワンは、鋭い知性を持っているのですが、虚無的で、ニヒルに物事を見てしまうような人物です。

異なった個性をもつ四人が、生とは何か、欲望とは何か、神は実在するのか、人間の良心とは何かと、答えの出ない命題について、対話します。その主張は冗長ともいえるほど長く、言葉はパワフルで、とにかくエネルギーがすさまじい。**読者は圧倒されながら、人生の深みに向かって引きずられていきます。**

それでいながら、ミステリー要素が盛り込まれているのが本作の読みどころ。フョードルとドミートリイは、グルーシェニカという一人の美女を巡って、三角関係に突入します。そんなある日、フョードルが何者かに殺害され……。その犯人は誰か、手に汗握るサスペンスが本をめくる指を加速させます。

特筆すべきシーンを解説します。

イワンはアリョーシャに言います。「春先の粘っこい若葉や、青い空を、俺は愛しているんだよ、そうなんだ！　この場合、知性も論理もありゃしない。本心から腹の底から愛しちまうんだな」。普段はクールなイワンが、世界を愛していることを告白します。

それを受け、「この世のだれもが、何よりもまず人生を愛すべきだと、僕は思いますよ」とアリョーシャが応えます。そして、**「人生の意味より、人生そのものを愛せ、というわけか？」**と問うイワンを、「絶対そうですよ。兄さんの言うとおり、論理より先に愛することです」。アリョーシャは肯定するのでした。

非常に示唆に富んだやり取りです。現代は、ロジカルであることが是とされますが、**論理的な人というのは考えすぎてしまい、何かを愛することが難しい。**「この行動にはどんな意味があるのか」「それは正しいのか」と考えると正解がわからなくなります。

そうならないためには、〝人生そのものを愛せ〟ということです。理由なんてなくてもいい。「青空が好き」「春の花が好き」「あの人が好き」。**その気持ちがあればこそ、この世界には意味があるのです。**

そのほかにも、選択の自由という苦痛や、宗教の教義と現実との乖離《かいり》に挟まれた苦悩など、さまざまなテーマが描かれます。読後に残ったもやもやを一つずつ自分なりに考えてみることで人生の深みが増すでしょう。大審問官の章は、特におすすめです。

『マクベス』 シェイクスピア

人の生涯《しょうがい》は動きまわる影にすぎぬ。

個性にしがみつくより、役を演じるように生きよ

『ハムレット』『リア王』『オセロー』と並び、**シェイクスピアの四大悲劇と讃えられる名作**です。主人公はスコットランドの武将であるマクベス。王のダンカンからの信頼が厚く、勇猛にして善良な勇将でした。ところが、三人の魔女による「将来、王になる方だ」との言葉にそそのかされ、野心に火が付きます。

欲望に心を掻き乱されるマクベスは、さらに大きな野望をたぎらせた夫人にそそのかされ、ついに王に手をかけてしまいます。王位につく念願を成就させるマクベスですが、

彼を待ち受けていたのは、良心の呵責による自滅でした。

王の血に手を染めた二人は、亡霊に悩まされます。「御自分の恐怖心が生んだ絵姿」とマクベスを慰める夫人ですが、彼女の精神も錯乱していました。手を洗う仕草を繰り返し、やがては死を迎えます。死の一報を聞いたマクベスは言います。

「人の生涯は動き回る影にすぎぬ。あわれな役者だ、ほんの自分の出場《でば》のときだけ、舞台の上で、みえを切ったり、喚《わめ》いたり、そしてとどのつまりは消えてなくなる」。

マクベスは魔女の言葉を信じ、王殺害という大みえを切り、後悔で喚き、そして死んでいきました。人生のさまざまな〝ステージ〟を踏み、その主人公として精一杯生きてきたのです。シェイクスピアの名言に「世界は一つの舞台、人はみな役者」がありますが、まさにそのエッセンスを詰め込んでいるのが、マクベスのおもしろさなのです。

翻って、私たちの人生は、どこまでも「役割」がついて回ります。**社会で期待される私、他者との関係性のなかで現れる私と、「ほんとうの私」を分けることはナンセンスかもしれません。**なぜならば、「私」とは連続した一人の人間であるからです。ならば、シェイクスピアの考え方にならって、私たちは日々を舞台の上で生きているという視点を持てばどうでしょうか。

「今、私は人生の舞台の上で、こんな役を演じているんだ」。そんなふうに思考方法を変えることで、つらい経験も含めて、さまざまな出来事が劇的に、おもしろく思えてくる。**個性に固執するよりも、ある種の役割を演じることがむしろ自由への回路となりうる**と、私は思います。

『マクベス』は、人生の教訓を与えてくれるだけでなく、物語としても傑作です。特に私が注目するのは、セリフのおもしろさ。『マクベス』は、シェイクスピアの芝居のなかでも、セリフ一つひとつにとてつもない切れ味があります。

たとえば、マクベスは夫人のそそのかしに乗り、「男の子ばかり生むがよい！」と王殺しを決意し、「いつわりの心の企みは、いつわりの顔で隠すしかない」と言います。マクベスをそそのかす魔女たちによる「きれいは穢《きた》ない、穢ないはきれい」も、おもしろい。高貴なものは時として、唾棄すべきものを内包する。すべての物事は表裏一体です。

この作品は、小学生といっしょに音読しても非常に盛り上がります。**ぜひ声に出して読んでみましょう。**言葉そのものが持つ力を感じられるはずです。

『きけ　わだつみのこえ』日本戦没学生記念会編

自由の勝利は明白な事だと思います。

死を目前にした知性のはたらきに瞠目する

太平洋戦争では、多数の前途ある若者が学徒として動員され、戦火の中で命を落としていきました。特攻隊として玉砕した学徒もいれば、食料とてない厳しい環境で戦病死した学徒もいます。『きけ　わだつみのこえ』は、そんな戦争で亡くなった学徒兵たちの手記を集めた遺稿集です。

戦死した学徒兵の言葉は、現在を生きる私たちに大切な問いかけをしてきます。そして、心の中にこんな思いが浮かんでくるでしょう。「**彼らの死に対して、恥ずかしくな**

い生き方をできているのだろうか」と。そして、彼らの死に畏敬の念をもちながら、真剣に生きていこうと決意するはずです。

特攻隊として亡くなった上原良司さんは、日本が敗北することは「明白な事」であると記しました。なぜなら、**「人間の本性たる自由を滅す事は絶対に出来なく、例えそれが抑《おさ》えられているごとく見えても、底においては常に闘いつつ最後には必ず勝つ」**からです。ファシズムのイタリアや、ナチズムのドイツと同様に、権力主義国家は滅びると上原さんは指摘しました。そして、「自由の勝利は明白な事」だと続けます。胸に刻んでおくべき至言であるといえるかもしれません。

学ぶことの貴さ、学べる環境のありがたさも実感できます。

東京物理学校（東京理科大の前身）で数学を修めていた中村勇さんは、アフォリズムのような文体で、軍隊での生活を日記に残しました。「軍隊生活の俺に与えたもの　一、個人と全体――一方向への徹底　一、無常としての死生　一、無我として多数の殺人」。自由と自我を奪われ、望まぬことを強要される恐ろしさが伝わります。友人の田丸さんへの手紙にはこう記しています。「明日動員命令が下るという今日、俺は相変らず数学書を繙《ひもと》いている」「ただ、今は君からの書物の到達を待ちこがれている」。勉強と読書すらもままならない軍隊生活。自由に好きなことを学べる現代の私たちは、どれだけ感謝してもしたりないほど恵まれています。

東京美術学校の佐藤孝さんは、入営がほぼ決定的になったとき、郷里から会いに来られなかった母を思います。「私はただただお母さんに会いたい。早く、早く」「田舎の自然もいいかも知れないが、今私はただお母さんに会えさえすればいいのだ」。青年たちは、強靭な知性と信念を持ちつつも、私たちと変わらぬ一人の人間だったのです。

彼らは祖国である日本の未来を信じ、よくしようとの気概をもっていました。果たして、今、私たちは日本に対してどれだけのことを思えるでしょうか。

国を思う気持ちに対して、見方は人それぞれでしょう。しかし、私たちが踏みしめている大地は、戦死者たちの犠牲の上に成り立っているのは間違いありません。**私たちが日々経験するどんな苦労も、彼らの犠牲を思えばかすり傷ですらない。**『きけ わだつみのこえ』を読めば、その事実を忘れずに、思いを引き受けて、前向きに生きて行こうと思える強さをもらえます。

『老人と海』 ヘミングウェイ

「人間は負けるように造られてはいないんだ。」

信念を持って戦い続ける人生に〝負け〟はない

人生において、勝ち続けられる人はいません。そして、時が経ち、年を取るにつれて、体力や多くの能力が落ちていきます。

将棋で無敵の強さを誇り、一時期は七冠を独占した羽生善治永世名人も、二〇二〇年現在はタイトルを保持していませんし、日米で前人未到の記録を打ち立てたイチロー選手も惜しまれながら引退しました。しかし、それは一つの時期が終わったというだけにすぎません。**困難に打ち負かされそうなときや、望むべき状況から外れてしまったとき、**

どのようなマインドを持つのかによって、人生の価値は大きく変わってきます。

そんなことを強く感じさせてくれる小説が、ノーベル文学賞を受賞したアメリカの小説家・ヘミングウェイの『老人と海』です。

老いた漁師のサンチャゴは、助手の少年とともに漁に出る毎日を送っていました。しかし、不漁が原因で、サンチャゴは一人で沖に出ざるを得なくなります。昔のことを思い出しながら、孤独な漁を続けるサンチャゴでしたが、ついにマカジキを捕獲。沖へ戻ろうとする最中、血の臭いを嗅ぎつけたアオザメに追い回されることになるのでした。

「人間は負けるように造られてはいないんだ」。この一行は、釣り上げたマカジキをサメに食いちぎられてしまったサンチャゴの言葉です。「人間は殺されるかもしれない、けれど負けはしないんだぞ」。たとえ、結果は不本意だったとしても、自分が前を向いて、自分の信念を持って戦い続けている限り、人は負けません。戦ったことに意味があり、そこで何かを得たのならば、勝ちと考えることもできるのです。

負けなかった今日の先には、明日があります。魚を獲れない日々が続くなか、「運に見放されたらしい」と弱気になったサンチャゴは言いました。**「毎日が新しい日なんだ」**。

不運だった過去と今日は違う日です。毎日、新鮮な気分でいれば、不安は軽減されますし、困難にも立ち向かう勇気も湧いてきます。

「負けるように造られてはいない」という気概と、「毎日が新しい日なんだ」というポジティブな気持ちは人を前に進ませます。前述の羽生さんは「やる気の源は発見」といい、若い世代の台頭やＡＩの進化で「最近の方がやるべきことが多い」と今でも前進しています。イチロー選手は草野球リーグ創設という新たな夢に向かって進んでいます。

どうにか港に戻ったサンチャゴに、少年は「また二人で一緒に行こうよ」と漁に誘います。「おれには運がついていない」と断る老漁師に、少年は「運はぼくが持っていくよ」と言うのです。この瞬間、二人の間にあるのは師弟関係ではありません。**お互いを尊重し、支え合う信頼関係です。**若者のエネルギーと老人の経験。ともすると対立してしまいがちなこの二つが融合した関係性が見えてきます。

人生に負けはなく、つねに毎日は新しい日であり、老若はともに尊重し合い、足りないものは補い合う。誰もが老いていくという抗えない事実を前に、力強く人生を生きるヒントをもらえる小説です。

『平家物語』

「ただ疾《と》く疾《と》く頸《くび》を取《と》れ」

「自分はどう生きるか」をつねに問う大切さ

有名な平敦盛《あつもり》の最期です。敦盛を追い詰めたのは、源氏方の武将・熊谷次郎直実《なおざね》でした。熊谷は、一六歳の敦盛を戦の中で捕らえました。敦盛の顔と名は知らない熊谷ですが、様子からは自分の子どもと同じ年頃であるように見える。熊谷は勇猛な武将で知られ、後に頼朝に対しても、啖呵を切ったほどの胆力の持ち主ですが、敦盛の首を斬ることを躊躇します。

しかし、敦盛は言います。「ただ疾《と》く疾《と》く頸《くび》を取《と》れ」。**さっさと斬れと言うのです。**

元服は終えているとはいえ、現在でいえばまだ高校生の敦盛。哀れさと、覚悟の強さに胸が締め付けられます。熊谷の気持ちも同じだったことでしょう。「熊谷、あまりにいとほしくて、いづくに刀を立つべしともおぼえず」。あまりにもかわいそうに覚えて刀をどこに当てていいかわからず、それでも「泣く泣く頸《くび》をぞ掻《か》いてンげる」。他の者に無残に殺されるくらいなら、自分が敬意をもって葬ろうと首を斬り落としたのです。

　これから生きる者と、死ぬ者。運命の分かれ道に立つ二人の魂と生命は確かに交錯し、燃えさかりました。その炎は読んでいるこちら側にも燃え移り、胸を熱くします。

「祇園精舎《ぎおんしょうじゃ》の鐘の声、諸行無常《しょぎょうむじょう》の響《ひびき》あり。沙羅双樹《しゃらそうじゅ》の花の色。盛者必衰《じょうしゃひっすい》の理《ことわり》をあらはす」。琵琶法師たちの弾き語りによって長らく口伝されてきた平家物語は、今なお朗読の最高のテキストです。**実際に声に出して読んでみれば、その豊穣な日本語の響きに驚嘆します。**柔らかなやまとことばと、硬質な漢語がまじりあった和漢混交文は、抗しがたい魅惑的なリズムを持ち、日本語の底知れぬ表現力と奥行きに酔いしれます。

　命よりも名誉を重んじる生き方は、堂々とした気品を人に与えます。「日ごろはおとにもききつらむ、いまは目にも見給へ」「われと思はむ人々はよりあへや」と名乗り出て相手を迎え討つ。死を覚悟しているから生が光り輝く。

熱い物語には肉体の躍動も不可欠です。屋島の戦いにおける那須与一の場面。小舟に乗った平家方が扇を掲げ、打ち抜いてみよと挑発します。「射《い》つべき仁《じん》は、御方《みかた》に誰《たれ》かある」。与一は失敗したら自害の覚悟で挑戦します。「与一鏑《かぶら》を取ってつがひ、よっぴいてひやうど放つ。小兵といふぢやう、十二束三ぶせ、弓はつよし、鏑は浦ひびくほどに長鳴りして、あやまたず扇のかなめぎは一寸ばかりを射て、ひふつとぞ射きつたる」。

小林秀雄は、平家物語を「大音楽の精髄」と表現していますが、やはりどんな現代語訳も、原文の良さにはかないません。

『平家物語』は、鎮魂の物語です。語られることによって、合戦によって死んだ平家の人々の魂が慰められる。死を目前にして、武士それぞれの美学や考え方がくっきりと輪郭をもって現れます。私たちは簡単には死に向き合うことができませんが、『平家物語』を読むことによって、疑似体験ができます。

自分はどのような人間であり、どう生きていくのか。登場人物に投影しながら、考えてみてはどうでしょうか。

『君主論』 マキアヴェッリ

加害行為はまとめて一度になされねばならない。

裏の裏は表。人の本性を見据えた永遠の人間操縦術

リーダーに求められるのはどんな資質でしょうか。「誰に対しても公平であること」「嘘をつかないこと」など、徳をそなえた人格者と考える人が多いと思います。

確かに、それは正しいと思いますが、世の中は一筋縄ではいきません。清濁併せのむとも言いますが、**清い考え方が万能ではない**のです。

仕事でもプライベートでも、世のため、人のため、日々がんばっているけれど、どうにもうまくいかないと悩んでいる人にぜひおすすめしたい一冊が『君主論』です。

『君主論』は、一五〜一六世紀のイタリアで活躍した思想家のマキアヴェッリがメディチ家に献上した政治論。歴史上の王や貴族などを分析し、君主とはどんな人物であるべきか、どのように振る舞うべきかを具体的に記しています。

その内容は、表と裏の顔を持つことの重要性や、罰の与え方など、徹底的に現実的な教訓を詰め込んでいる。それゆえ、実践的であり、現代にも通じます。

なかでも冒頭で紹介した「加害行為はまとめて一度になされねばならない」という言葉は印象的です。「恩恵のほうは少しずつ施すことによって、なるべくゆっくりと味わうようにしなければならない」が続きます。この両者のやり方を逆にしてしまうと、君主はつねに「短剣が手放せなく」なり、臣下も安心して仕えることができない。

国家や組織を支配するさい、所属する全員が満足する方法はありません。必ず誰かに不利益となる行為を断行する局面、つまり残酷にならざるを得ない局面があります。そのさいは「一気」にやることが「人の憾みを買わずにすむ」と『君主論』は教えています。必要悪としての残酷さを、最小限にとどめる深い知恵がここにあります。

マキアヴェッリの言葉としては、友人への手紙の一節「**天国へ行くのに最も有効な方**

法は、地獄へ行く道を熟知することである」も知られています。成功するためには、失敗しない方法をとるべきであるというのです。「理想に向かって努力しろ」というきれい事を排した現実的な方法論に感心します。

『君主論』では、君主に必要な資質として「信義を守る」「慈悲深い」「剛胆」「丁重」が挙げられています。すべてを兼ね備えるのはなかなか難しそうです。しかし、心配無用。**「君主たる者に必要なのは、先に列挙した資質のすべてを現実に備えていることではなくて、それらを身につけているかのように見せかけることだ」**というのです。そのうえで、**「善なる資質を実践するのは有害だが、身につけているふりをするのは有益」**と続くと、ここまでぶっちゃけていいのかと驚きます。

決断をするさいには「助言を求め」たうえで、「自分独りで、自分なりの方法で、決断を下さねばならない」というのは、組織を迅速に動かす方法として納得です。また、トップがぶれては困るので、**「決断したことは推し進めて、あくまでもその決断を貫かねばならない」**はまさに金言です。

家庭でも、会社でも、人を束ねる必要がある人なら一読をおすすめします。

『精神現象学』ヘーゲル

精神は絶対の分裂に身を置くからこそ真理を獲得するのだ。

自分を否定しながら受け入れることで私たちは成長する

仕事で失敗をしてしまった。恋人につまらないことを言ってしまった。生きる上では、誰もが本来理想とする自分の姿と、矛盾した自分に出会います。そういうときに、「なんでそんなことをしてしまったのか」と自分を全否定して、自己肯定感を損なう。あるいは、「あいつが悪い」と責任転嫁をして、まったく自分を省みないかもしれません。いずれのアプローチも成長機会の損失へと繋がります。

それではどうすればいいのか。**失敗した自分と理想の自分。矛盾する両者を受け止め**

て、新たな自分へとステップアップする機会にすればいいのです。

そんな考え方を抽象化した概念が、ヘーゲルの「アウフヘーベン」（止揚）による弁証法です。事物は矛盾対立によって発展します。そのさい、高次へと発展した事物は、もう一方を内包して保存しているというのがアウフヘーベンの考え方です。提唱したヘーゲルは、『精神現象学』において精神がどのように発展したかを考察しました。

ヘーゲルによれば、人間の精神は意識から自己意識、理性、精神、宗教、そして絶対知へと展開するといいます。

最初は、単純な「意識」が生まれます。単純に自分だけの感覚を絶対としている状態です。次に展開されるのが、「自己意識」。自分が意識していることを意識する、自分自身の存在を認識するというメタ的な認識です。

多くの生き物に「意識」はあるかもしれませんが、人間以外の動物に「自己意識」があるかというと疑問です。つまり、ここからが人間を人間たらしめている意識です。

そして、「理性」の段階では、意識は他者との関係性を認識します。他者にも意識があることを認めて、また、他者の中に自己意識を投影して共感を持つという段階です。

こうした、意識から自己意識へと続く展開を理解し尽くした精神の最終形態が「絶対知」です。

それでは、どのように意識が発展するのでしょうか。それが弁証法です。「意識が積極的に関係する対象は自己意識である」というように、意識がまた自分の意識に関係することで「自己意識へと発展」し、理性とは**「他を否定して自己とむきあうという自己意識のすがたは、すでに克服」**した姿なのです。

人間の心はモザイクのようです。自分の好ましい面も、否定したい面も入り組んでいます。しかし、**「精神は絶対の分裂に身を置くからこそ真理を獲得する」**のです。自分の理想にとって矛盾的な自分を否定して、やがてはこれを克服していく。「特別の自由を獲得するとなると、そこに巨大な否定力が働かねばならない。それが思考のエネルギーであり、純粋自我のエネルギー」です。いつか「真理」へと辿り着けるでしょう。

ここで解説した内容は、ヘーゲルの教えを私たちの暮らしに役立つようにかみ砕いたものですが、弁証法は勇気をくれる考え方です。**今の失敗は、ステージアップするための媒介です。**恐れずにチャレンジする精神を持ちましょう。

『歎異抄』

念仏して地獄におちたりとも、さらに後悔《こうかい》すべからず

ひとつのことをただ信じることでしか生まれない強さがある

「善人なおもって往生をとぐ、いわんや悪人をや」。

浄土真宗の宗祖である親鸞の有名な言葉です。歴史の教科書に取り上げられ、知っている人も多いでしょう。言葉をそのまま逐語的に訳せば「善人ですら往生できるのであるから、悪人ができないわけがない」となります。

普通は「悪人ですら往生できるのだから、善人ができないわけがない」ですね。**しかし、善人も悪人も、いまふつうに使われている意味とは違います。**善人とは自分の努力

によって極楽往生しようとする人のこと（自《じ》力《りき》作《さ》善《ぜん》）。仏の視点から見れば自分は善をなしえないことについぞ気付かず、阿弥陀仏にすがる心もない。ある意味でこっちが「悪人」といえます。

一方、煩悩や欲にまみれた凡夫は、善悪の判断もつかないが、阿弥陀仏の教えに触れることにより、自分が善をなすこともできない悪人だと気付く。自分は悪人と自覚した上で、仏にすがった者こそが極楽往生できる。そのように親鸞はいうのです。

「自分が、自分こそは」「できる、できる」というのではなく、他力になった時にふっと救いの手が現れるということを親鸞は説いています。**自分のなかにスペースがない人には教えが入ってこないわけですから、まずはスペースを空けないといけない。**自意識でいっぱいになっている人はなかなか悟れないし、学ぶこともできないでしょう。親鸞はとても現代的なことを言っています。

親鸞が限りなく深い敬意を捧げるのが、師匠である法然です。

『歎異抄』には親鸞の言葉として「たとい法然聖人にすかされまいらせて、念仏して地獄におちたりとも、さらに後悔すべからず」とあります。今回挙げた一行です。**「もし、**

法然上人にだまされていたとして、念仏を唱えて地獄に行くということになったとしても、自分は後悔しない」。さらには「念仏は、まことに浄土《じやうど》に生まるるたねにてやはんべるらん、また地獄におつべき業《ごう》にてやはんべるらん、総じてもって存知せざるなり」。念仏を唱えて往生できようが、地獄に落ちようが、自分は関知できないと言う。

こんな宗教家はいません。人間のやれることは限られている。**一生という持ち時間は長くない。すっきりと念仏に賭けなさい**――親鸞は私たちにそう訴えかけます。

比叡山での学問と修行ののち、越後へ流され、東国で布教に明け暮れ、波乱万丈の生涯を送った親鸞。それだけに「結局のところ法然上人の言うとおりにすればよかった。自分はこれを信じるのみ」という人生の結論にすごみを感じます。

私は以前『声に出して読みたい親鸞』という本で、親鸞の名言を集めました。基本的に「念仏せよ」「南無阿弥陀仏と唱えよ」のみで一貫している。こういう人が本当に強い人と思いました。一つのことだけを続けることが人間精神に強さをもたらすことを、諦念とともに語りつくした特異な本です。

第5章

一行で、世界を見る目を深くする

――認識力をきたえる読書

視点を複数持つことで立体的に見られる

人間を強い弱いで決められないのと同様に、世界の在り方はじつに多面的です。**知力というのは、ものごとを複眼的に見られるということです。「ある見方ではそうだけれど、見方を変えるとこうだ」と、つねにいろいろな角度から物を見る。**人間の目がふたつあることで遠近感が生まれるように、それによって奥行きも見えてきます。

たとえば自由や平等という理念を人類が獲得した近代について、「素晴らしいものだ」とする見方もあれば、「近代は管理・監視の視線によって人間を自発的服従に導いた」というミシェル・フーコー的な意見もあるというように。

人間の死というものに対しても、絶対的な消滅を意味するのか、魂というものを措定するのか、あるいは死の瞬間には、体験の主体が死によって消滅しているのだからそもそも「死は存在しない」と考えることもできるでしょう。さまざまな問題に対して、できるだけ**視点の台座を常に複数保つようにしていくと、決めつけ、思い込み、先入観から自由になれます。**

バランスは心の芯を強くする

いろいろな視点を持つということは、自分の考え方のバランスを整えるということです。ある一点で固定された立体というのがぐらぐらして安定しないように、心をまっすぐに保つためにはいくつもの視点が必要です。

『論語』で孔子はこう言っています。

「学びて思わざれば則ち罔《くら》し。思うて学ばざれば則ち殆《あや》うし」

つまり、**いくら外から学んでも自分で考えなければ意味がない、自分で考えたとしても外から学ばなければ独断的になる**という意味です。私たちは、時代とともに変わっていきます。「もうこれでいい」ということはなく、つねに新しい考え方を自分のなかに取り入れていくことが、精神のバランスを整える上で重要なのです。

そうしてきたえてできあがったバランスのとれた精神は、判断を誤りにくくしてくれます。

というのも、私たちが判断を誤る原因として「感情にとらわれる」ということがあります。「自分は一生懸命やったのに」「相手のことを思ってした行動なのに」と誤りを認めようとせず、自分本位の〝結論〟を導き出してしまう。

これを避けるためにも、読書が有用です。本には必ず何らかの「視点」があります。自分自身を正当化したり、感情を優先させる前に、著者の視点へ移動したり、自分のなかに取り入れて考え直すことができる。**しかも、著者というのはふつうの人とは視点が違う個性的な人ばかり。多く読めば読むほど、奥行きのあるものの見方を獲得することができます。**

SNSなどインターネットの世界では、一面的な見方であれ、威勢よく「言い切る」言辞が賞賛を浴びると聞きます。複数の視点を持つことを、曖昧とみなす人もいるでしょう。

私はそれに異を唱えます。象の写真を撮るにあたって、顔だけ撮影すれば、それが象だとわかるでしょう。しかし、人間の認識はそれでは終わりません。象の大きさを表現するなら、カメラを引いて背景を押さえなければいけません。牙の質感を知りたければ、クローズアップする必要があるでしょう。

「象」といったときに、ある一定の絵だけを思い浮かべるのではなく、目的に応じて、視点を変える。**その柔軟性こそが、知的といえる**のではないでしょうか。

遺伝子研究の権威である村上和雄さんは、著書のなかで、人間の遺伝子は九九・五％が同じだが、能力に差が生まれるのは、個々の遺伝子をどれだけ「スイッチ・オン」の状態にしているかによると述べられています。

本を通して著者の言葉や、自分にはない視点に触れることは、ある種の遺伝子をスイッチ・オンすることにほかなりません。この繰り返しによって、複数の遺伝子がオンになってくると、世界を見る視線に深さが生まれることはもちろんですが、「やる気」のような姿勢や意志にも影響が及ぶと私は思います。

『監獄の誕生──監視と処罰──』フーコー

〈一望監視方式〉は、権力を自動的なものにし、権力を没個人化する。

日々感じる息苦しさの正体とその対処法

現代は「自由」な時代です。言論の自由、思想信条の自由、結婚の自由、職業選択の自由──法律や公共の福祉に反しない限り、ほとんどのことは自由です。

しかし、別の視点に立って今の社会を俯瞰すると、違った側面が見えてきます。**SNSやインターネットの発達で、オフの時間でも気が休まらない。**検索履歴はビッグデータ化され、AI審査も日常に入り込んできました。街中には監視カメラがあり、事件・事故があれば誰もがスマホを持って、写真や動画を撮影。マイナンバー制度によって得られた個人情報が〝悪用〟される危険性もあります。収入、貯蓄、過去の経歴、健康状態、さらには遺伝子情報まで行政側が把握できるようにでもなったら、その個人情報はどのように使われるかわかりません。

放送法の規定のもとに「テレビの放送の内容によっては電波を停止することもありうる」と、総務大臣が発言したこともありました。そうなると、メディアは自己規制するようにもなります。「いつも監視しています。番組をチェックしています」などと、総務省などから言われたら、メディアは政府に批判的な番組をつくるのを自粛するようになるおそれがある。**現代は「監視社会」なのです。**

一行に挙げた「一望監視方式」とは、「最大多数の最大幸福」で知られるイギリスの哲学者ベンサムが考案したパノプティコンという刑務所の監視方式です。中央に設置された監視塔をドーナツ状に取り囲むようにして、囚人たちの獄舎を配置します。

獄舎は明るく、看守の監視塔は暗くすることで、看守からは一望のもとに囚人たちが見える一方で、囚人から看守の姿は見えません。囚人たちは常に監視を意識します。やがて囚人たちは、実際に監視されていようがいまいが、看守の視線を内面化して従順になる。**つまり、囚人は自分で自分を監視するようになるのです。**

刑務所だけでなく、現代社会の管理システムがこの構造になっている。そう看破したのが、フランスの哲学者フーコーです。「常に見られている」と意識すると、私たちは監視者を意識のなかで作り上げてしまう。所属する組織のルールに自主的に従うようになる。これをフーコーは「自発的服従」といいました。

今回とりあげた一行の「権力を自動的なものにし、権力を没個人化する」というのはこのことを指しています。**誰が権力をふるっているかもわからない形で、細かく自由が奪い取られていく。それが現代社会のおそろしさなのです。**

かつてヨーロッパでは、王族や教会が絶大な権力を持っていました。今、欧米も日本も、そうした大きな権力に国民が縛られることはほとんどありません。しかし代わりに、人々の目が私たちを監視する社会になりつつあるのかもしれません。

フーコーが解剖してくれた、顔の見えない権力に対抗するにはどうすればいいのでしょうか。まずは相互関係を密にすることです。「孤立状態は、全面的な服従の第一条件」。デジタル化した社会だからこそリアルな人間関係が大事です。

『銃・病原菌・鉄』 ジャレド・ダイアモンド

ヨーロッパ人がアフリカ大陸を植民地化できたのは地理的偶然と生態的偶然のたまもの

遺伝と進化に関する定説が覆される快感を楽しむ

人類の歴史や発展についての定説が覆されると、視野がサーッと広がり、好奇心が刺激されます。**私たちの前に広がる世界を、時間的にも空間的にも拡大してくれます。**読書によって、そんな体験を簡単に得ることができます。

最近の本でその代表格が『銃・病原菌・鉄』です。著者のジャレド・ダイアモンドは、アメリカの進化生物学者。ニューギニア人との対話の中で、なぜヨーロッパ人がアフリカや中南米など他大陸を支配することができたのかという疑問が生まれ、それを綿密な分析によって明らかにしたのが本書。全世界で話題を呼び、学術的な書としては異例ともいえる一〇〇万部を超えるベストセラーとなりました。

かなり分量があり、頭から読んでいくと、途中で挫折するかもしれません。**これは小説ではないので、最初に結論を知っておいてから、各論を読んでいいのです。**

「結論を述べると、ヨーロッパ人がアフリカ大陸を植民地化できたのは、白人の人種主義者が考えるように、ヨーロッパ人とアフリカ人に人種的な差があったからではない。**それは地理的偶然と生態的偶然のたまものにすぎない**」。こう著者は述べています。

これまではヨーロッパ人が知能や体力に勝っていたために、他地域よりも有利な立場に立てたものだという考え方がありました。しかし、決して、人種的な能力の問題ではなく、単純に居住場所をはじめとした偶然の産物だったというわけです。

まず、もともとユーラシアには食料に適した植物や、家畜に適した動物が多かったことが挙げられます。だから農耕が発達しました。狩猟より食糧供給が安定するので人口が増え、戦いに有利になり、技術が発達します。そして、ユーラシア大陸は東西に長く、アメリカ大陸やアフリカ大陸は南北に長い。**同質の気候帯は東西方向に広がるため、ユ**

ーラシアは移動・交易に有利でますます農耕文明や技術が発達します。

ではなぜユーラシアの中でもヨーロッパが他地域を支配したのか。農耕がいち早く発達した地域は、メソポタミアや中米、南米アンデス地方です。他方、ヨーロッパはおくれて農耕や飼育技術を獲得することになった。じつはこの点がヨーロッパ人のアドバンテージでした。「プリエンプティブ・ドメスティケーション」とも呼ばれますが、野生種を一から家畜化するよりも、**家畜化した動物をそのまま手に入れたほうが、より多くの利益を得られる。**ここが決定的な分かれ道だったというのです。

ヨーロッパ人は、余力を鉄や銃といった攻撃力の獲得に注力できます。人口が密集していたので伝染病に悩まされたが、そのぶん免疫力も高くなった。大航海時代以降の中南米に「ヨーロッパ人たちの持ち込んだ銃と病原菌によって」もたらされた壊滅的な結末はよく知られるところですね。

ヨーロッパが他大陸を歴史的に支配したのは**「環境が異なっていた」せいであり、「生まれつきの能力が異なっていたから」ではない。**その大命題をドラマティックにロジカルに語りつくす傑作です。

『論語』 孔子

学は及ばざるが如くするも、猶《な》おこれを失わんことを恐る。

自ら楽しんで学ぶことで人生は充実する

価値観が多様化した現代は、自分の拠り所を持ちにくい時代です。そんな時代にあって、しっかりとした心の支えとなる本をどう選ぶか。『論語』はその有力な候補になる。なぜなら、日本文化にしっかり根を下ろしているからです。**論語の中で、もっとも核とすべきことはなにか。私は、〝学ぶことを中心として人生を作り上げる〟という思想ではないかと思います。**したがって、一行としてはこの「学は及ばざるが如くするも、猶《な》おこれを失わんことを恐る」を選びました。**学問は追って**

も追いつけないほど努力しても、それでも目標を見失いそうになるものだ、と。

どんなに学んでも、まだまだ学ぶことがある。また、時が経つにつれ、学んだことを忘れてしまうこともある――**そのような向上心を持つ人だけに訪れる緊張感が、人としての輝きを増す。**孔子はそう言っているのです。

学びは義務ではありません。「これを知る者はこれを好む者に如《し》かず。これを好む者はこれを楽しむ者に如《し》かず」。単純に義務として知識を得ようとするだけでなく、心から堪能することによって、理解が増す。学を好み、楽しむことは精神のワザです。学を楽しむ精神を鍛えることで生涯の推進力が得られます。

「朝《あした》に道を聞きては、夕べに死すとも可《か》なり」。学びの中で、人生においてもっとも大切な「道」を知ることができれば、夕方に死んでも悔いがない。それほど切実に高みを目指す精神が大事というのです。

人間関係で大事にすべきことはシンプルです。「己れの欲せざる所、人に施すこと勿《な》かれ」。自分が人にしてほしくないことは、人にしてはいけない。私たちが小さな頃から言われていることですが、あらためて孔子に言われるとピンと背筋が伸びます。しかし、簡単ではないのです。「心がけます」と言った弟子に対し、「お前にはなかなかできることじゃないよ」と孔子は警告もしています。

『論語』の教訓をあげればきりがありません。「憤《ふん》せずんば啓《けい》せず」。発憤していなければ始まらない。「遠き慮《おもんぱか》り無ければ、必らず近き憂い」あり。先を見通して計画をしないと、すぐに失敗します。「小過《しょうか》を赦《ゆる》し、賢才を挙げよ」。**小さなミスは見過ごして、いいところを褒めよと。相手はあなたのことを信頼してくれます。**

「故きを温《たず》ねて新しきを知る」。昔のことを学ぶことから、現代でも役立つ知見を得る「温故知新」も孔子の言葉でした。老い方のヒントも満載です。「六十にして耳順《したが》う」。歳を重ねるほどに人の話を素直に聞ける、柔軟な精神を持ちたいものです。

私が人生の教訓としているのが、「一《いつ》以てこれを貫《つらぬ》く」。孔子が賢人として人から尊敬されるのは、一つのことをただ貫いてきたからだと言います。

孔子の言葉はシンプルで、誰にでも理解できます。私も現代語訳を上梓しています。ボールペンを持ち、気に入った教えに線を引きましょう。それを胸に刻み、毎日の生活でひとつでも実践するだけで、人生は変わるはずです。

『ファスト&スロー　あなたの意思はどのように決まるか?』　ダニエル・カーネマン

直感的思考と熟慮熟考の特徴を、あなたの中にいる二人の人物の特徴や傾向のように扱う

自分のなかには二種の思考パターンがあると心得よ

自分がどのように物事を判断し、結論を出しているのか、そのプロセスを意識している人は少ないかもしれません。何にでも即断を求められる現代において、判断のプロセスを知っておくことで、誤りを減らしたいというニーズは高いでしょう。

『ファスト&スロー』の著者のダニエル・カーネマンは、人間の心理的、感情的な側面から経済活動を分析予測する「行動経済学」を打ちたて、二〇〇二年にノーベル経済学賞を受賞した傑物です。『ファスト&スロー』においては、人間の意識/無意識がどの

ように意思決定を行うかを記し、人間が合理的行動をすることを前提とした伝統的経済学に強烈な疑問符を突きつけました。

カーネマンは、人間の脳には「システム1」と「システム2」の二つの思考モードが備わっているといいます。**システム1とは自動的で速い思考=直感的思考、システム2は意識的で遅い思考=熟慮的思考です。**

眉をひそめて今にも怒り出しそうな人を私たちが見たとき、「この人は怒っている」と考えずとも即座にわかります。そう結論づけるのに、深い思考の入り込む余地はないことでしょう。これがシステム1です。一方で、「一七×二四」という数式を見た時に答えを求めようとすると、それがかけ算であることを認識し、計算方法を思い出して暗算あるいは筆算で計算する必要がありますね。このように「困難な知的活動にしかるべき注意を割り当てる」思考の手続きを必要とするのがシステム2です。

それでは、システム1とシステム2をどのように扱えばいいのでしょうか。それは「あなたの中にいる二人の人物の特徴や傾向のように扱う」ことが大事だとカーネマンはいうのです。ただ、これが難しい。

「努力がまったく不要か、あってもわずか」なシステム1のほうがシステム2より強い。「思慮深い」システム2は「疲弊しやすく怠けやすい」ためです。多くの人は、大半の判断をシステム1で行うのですが、システム1には多くのバイアスがかかります。

次の命題は、直感的に正しいような気がします。

「すべてのバラは花である。一部の花はすぐにしおれる。したがって、一部のバラはすぐにしおれる」

システム1が「真」であると誤った判断をしますが、**「一部の花」に「バラ」が含まれるとは限りませんので、この命題は「偽」です。**システム2は、怠けやすいのです。

優れた人は、システム1の速い思考を受け止め、システム2の熟慮的思考で正解を検証できます。私が以前お会いした羽生善治さんがそうでした。羽生さんは瞬間的に「筋」が見え、それは多くの場合正しいのですが、時間をかけてほかの可能性を考えて、自分の直感が間違っていないかを検証するのだそうです。

「これはシステム1の判断にすぎないかもしれない」――その気付きから見えてくるものは大きいと思われます。

『共産党宣言』　マルクス　エンゲルス

今日までのあらゆる社会の歴史は、階級闘争の歴史である。

いつの世も分断ではなく団結に未来がある

「万国のプロレタリア団結せよ！」

共産主義のスローガンとして余りに有名なこのフレーズは、**マルクスとエンゲルスの共著『共産党宣言』を締めくくる最後の一節です。**

なぜ、マルクスとエンゲルスが、全世界のプロレタリアに団結を呼びかけているのか。それは、「今日までのあらゆる社会の歴史は、階級闘争の歴史である」からなのです。

たしかに人類の歴史は階級闘争の歴史でした。フランス革命をはじめとする市民革命では、王や貴族などの絶対的な力を持った特権階級に対して、資本家や労働者を含めた市民たちが立ち上がり、平等を目指す社会を勝ち取りました。

しかし、その後、どうなったのかというと、ある種の逆戻りです。圧倒的な資本と生産装置を所有して、労働力を搾取するブルジョアジーと、抑圧されるプロレタリアートに社会は分断され、両者に階級闘争が生まれます。

『共産党宣言』は、プロレタリアが団結し、ブルジョアジーを打倒することによって、平等な共産主義社会を目指すことを宣言した一冊なのです。

今日の世界では、マルクスらの時代よりむしろ、富の一極集中が進んでいます。国際NGOのオックスファムによれば、世界でもっとも裕福な富裕層二六人の資産が、世界の所得下位の三八億人の資産合計と同じだということです。日本でも外国人労働者の受け入れが進み、賃金の上昇がますます抑えられる方向に進む可能性もあります。

「労働者は、自分の身を切り売りしなければならないのであるから、他のすべての売りものと同じく一つの商品」といい、「プロレタリアの労働は、機械装置の拡張や分業によって、あらゆる独立的性格を、したがってまた、労働者にとってあらゆる魅力を失った。労働者は機械の単なる付属物」とマルクスらはいうのです。

マルクス主義が世界に与えた影響は甚大です。中国は今も、共産党の一党独裁です。『共産党宣言』はマルクス主義をひととおり理解するのに一番適した本です。『資本論』は長尺で読むのに苦労しますが、同書に比べて『共産党宣言』は、歴史をどう見るか、経済の分析、帝国主義の運命とこんなにすっきり書けるのかというぐらい要約して書かれています。もし全部は読めない方も、最後の言葉は覚えてほしい。「万国のプロレタリア団結せよ！」

持たざる者が勝利を得るのは難しいことですが、労働三権や、法律として定められた労働基準法、男女雇用機会均等法など、労働者たちが団結によって勝ち取ってきたものは多くあります。

マルクス主義の国家は減ってきていますが、『共産党宣言』には読む意味があります。**自分の置かれている生活状況や社会的境遇が、ほんとうに自己責任の結果としてあるのか、そうではなく社会の側に原因を求めるべきか。**原因があるとすればどういうことなのか。自分の頭で考える材料として、いま読む意味があるのです。

『ソシュールの思想』 丸山圭三郎

すべては、対立として用いられた差異にすぎず、対立が価値を生み出す。

世界を見る解像度は努力によって高くできる

ソシュールは、スイスの言語学者で、比較言語学の観点から、言語の種類を超えて普遍的に存在する本質を明らかにしてきました。

そんなソシュールの研究は、相互に関係をもつ要素の体系から全体の構造を捉える「構造主義」として後世の思想に大きな影響を与えました。しかし彼は一冊の著書も残さずにこの世を去りました。現在は、『ソシュールの思想』のような研究者による本や、大学における講義録を没後に弟子らがまとめた『一般言語学講義』でその研究にふれることができます。

ソシュールの考え方を端的に表すとするならば、「全体を見ようよ」ということ。私たちが〝言葉〟というとき、一体一の関係性で単語と対象が結びついていると思いがちですが、実は言葉同士の関係性が本質です。その関係の網の目で私たちは世界を見ています。**「だからこそ、記号や語を体系全体の中で考察する必要性が生ずる」**のです。

私たちは《犬》と、その祖先である《狼》を別々の生き物として呼称を付けています。しかし、《狼》という言葉がなかったとしたら――。私たちは、それらのことも《犬》と呼ぶでしょう。このように、「語は体系に依存」していて、「孤立した記号というものはない」というのが、ソシュールの考え方です。

そういうふうに考えると、物事の見え方はどんどん変化していきます。例えば、虹の色も、表現は国や人によって異なります。日本人の場合、虹は赤・橙・黄・緑・青・藍・紫の七色という考えが一般的です。しかし、アメリカの一部の人は、藍と紫を区別せずに六色、南アジアのある部族は虹を赤と黒の二色で表現するそうです。

もしかしたら、色に敏感な人にとっては、虹は二十四色なのかもしれません。**世界と**

いうのはどこまでも連続した分布であって、私たちはそれを言葉の網の目で分けて、認識をしているのです。

それは世界に対する物理的な見方だけでなく、スピリチュアルな面でも同様です。アイヌ語には、神（カムイ）にまつわる言葉が無数にあります。太陽や山、炎だけでなく、コウモリや鮭、松ヤニ、蜘蛛などにも神がいるそうです。アイヌ語を第一言語として言葉を習得すると、あらゆるところに神々が宿っている世界に生きることになるのです。

言葉という網の目が同じでも、異なった体系の中では、そのすくい取ることができるものは異なります。それこそが対立であり、「対立が価値を生み出す」のです。

翻って、私たちの生活を考えると、体系内の差異を敏感に捉えることは、事象に反応するセンサーの精度を上げることに繋がります。同じタピオカミルクティーを飲んで、「ヤバイ」と感じるか、「タピオカの食感が黒糖の甘みに深みを与えている」と感じるかでは、人生の質が異なってきます。

自分で問いを立てることによって対立を生み出し、解決することで深みを得る。**世界を認識する解像度はできるだけ高く。**そのための方法が、読書なのです。

『種の起原』 ダーウィン

〈自然〉は、自分がせわする生物の利益のためにのみ選択する。

実力とは適応力——多くのことに使える真理

『種の起原』は、生物の進化論で有名なダーウィンによる論文です。地球の長い歴史の中で、生存して進化していく生物と、絶滅した生物の間にはどのような違いがあったのかを解明した著作です。一八五九年に発表されるや、自然科学分野だけでなく、宗教など、あらゆる分野に大きな影響を与えました。

生物の進化を端的に表すと、一つの単語に集約されます。「自然選択」です。**生き残ることができる生物は、自然が形成した環境に適応できた種類のみである。**これが「自然選択」です。「自然淘汰」ともいわれます。

生物は世代交代をしていくうちに、「変異」が発生します。その変異が現在の環境を生きるのに有用である場合には繁殖でき、そうでない場合には朽ち果てる。survival of the fittest　つまり「最も適した者が生存する」。強い弱いではない。核心となるのは、環境が変化したときに適応できるかどうかということです。

そして自然は、人間のように「自分の利益のためにのみ」選択するのではなく、「自分がせわする生物の利益のためにのみ」選択するのです。同種であっても世代を重ねるうちに「変異」が発生し、「変異」のなかには「遺伝」するものがあり、**「他のものにたいしなんらか利点となるものをもつ個体」**が選択され、「変異」が保存されていきます。そして、「よく適合した生活条件のもとに」生きていくことができる。

中生代に地球上を支配した恐竜は、巨大隕石の衝突による地球の気候変動によって絶滅したといわれています。一方で、文字通り日の当たらない存在だったゴキブリは生き残ってきた。つまり、自然によって選択されることが種としての生存を決めた。あらゆる生物のあらゆる性質について、自然はつねに選択をしているわけですから、どの種が適応し、どう進化するかということは、人間には予測不可能と思った方がよさそうです。

ダーウィンが進化論を確立できたのは、ビーグル号でガラパゴス諸島をはじめ、地球上の各地を探検し、地質や化石を研究していたことが大きかったといわれています。長い時間の経過があれば、ほんのわずかずつの変化でも、最終的には大きな変化になる。時間の流れを地層という形で目の当たりにしたダーウィンはそう考えました。

DNAや遺伝子の存在がまだ知られていなかったなか、生物はどう進化するのか、なぜ自然選択が原因なのかを説明するのは容易ではありませんでした。生物相や化石などひとつひとつのエビデンスを積み上げて実証していく、その**タフでダイナミックな思考を味わう**のも『種の起原』を読む意義でしょう。

ついでに人間社会についていうと、たとえば日本のプロ野球で超一流だったのにメジャーリーグでは駄目だったという選手もいれば、日本でそこそこだったのに「通用した」選手もいる。「環境の変化に適応する」というのは、ビジネスも含め成功するための一番の条件なのでしょう。**「実力とは何か」といったときに、「実力とは適応力のことだ」と考える**と、じつはいろんなことの説明がつく気がしませんか。

『プロテスタンティズムの倫理と資本主義の精神』 ヴェーバー

近代資本主義の、精神の天職理念を土台とした合理的生活態度はキリスト教的禁欲の精神から生まれ出た

〝禁欲〟と〝天職〟が資本主義を発展させた

『プロテスタンティズムの倫理と資本主義の精神』は、ドイツの社会学者であるマックス・ヴェーバーによる二〇世紀の初頭の論考です。社会学の基本図書中の基本図書です。本書では、**禁欲を原理とするプロテスタンティズムの社会が、じつは利潤最大化を是とする近代資本主義の発展に大きく関わっているという逆説**を明らかにしています。

ヴェーバーが、資本主義が発展した国々はプロテスタンティズムが浸透している国が多いと気づいたことが、論考の発端です。その矛盾に気づいたヴェーバーは、「プロテスタントの倫理はどうなっているのだろう」と真相を探ります。

その疑問は「世俗内禁欲」と「天職」によって解き明かされました。

プロテスタントでは、聖職者ではない一般人の生活様式も、ぜいたくを排した「世俗内禁欲」が求められます。そうすると、どうなるか。貯蓄が増えていきます。いわば、プロテスタントとして生きているだけで資本が蓄積されていくのです。

さらに、プロテスタントは、カルヴァン主義の概念に基づいて、労働を「Beruf《ベルーフ》」（日本語では、「天職」と訳されるのが一般的）として重要視しています。自分が救われるかどうかは神によって決められているという「予定説」の考え方から、労働をすることが神から与えられた「救いを確信しうるための最良の――ついにはしばしば唯一の、――手段」とみなされました。つまり、**真面目に働いて、お金を稼げば稼ぐほど、神による救済に近づくのですから、労働意欲はこの上なく高まります。**

この「天職」という考え方は、企業家による、労働者からの「搾取」をも合理化してしまいました。労働を天職とするのが近代の労働者、営利を天職とするのが近代の企業家。企業家と労働者が、同時にアクセルを踏み込んでいる状態といえます。結果として、

「すべてのキリスト者は生涯を通じて修道士とならねばならなくなった」のです。

「すなわち、禁欲的節約強制による資本形成がそれだ。利得したものの消費的使用を阻止することは、まさしく、それの生産的利用を、つまりは投下資本としての使用を促さずにはいなかった」。こうして、プロテスタントの国々では、神の倫理のもとで、他宗派の諸国を圧倒する資本主義が発展したわけです

アメリカではますますその倫理が加速。それを評して、ヴェーバーは「禁欲の精神は——最終的に否か、誰が知ろう——この鉄の檻から抜け出してしまった」と言いました。『天職義務』の思想はかつての宗教的信仰の亡霊として、われわれの生活の中を徘徊している」。資本主義は現代最強の宗教なのでしょうか。深い言葉ですね。

私の学生時代は、大学に入ったら最初にこのヴェーバーを読むというのが基本でした。同書は『プロ倫』といわれて、これを読んでいないと「学生として話にならない」とすら見なされました。経済も含めた西欧の歴史には、キリスト教が深くかかわっていることを再認識できる本です。**この本をきっかけに、芋づる式にキリスト教や社会学など興味がわいた本を読む楽しみもあるでしょう。**

『「いき」の構造』　九鬼周造

「「いき」を定義して「垢抜して（諦）、張のある（意気地）、色っぽさ（媚態）」

人生をたっぷり経験した中高年は粋な存在!?

タイトルを見て「いきとは?」といぶかしく思うかもしれません。そう、「ちょいとあのお姉さんは粋だね」とか**「粋な着物の柄だね」などと言う、あの「いき」**です。感覚でしかとらえられなかった「いき」を知的に解剖し、構造を分析する挑戦的な一冊。

著者は九鬼周造。一八八八（明治二一）年に生まれ、東京帝国大学で哲学を学んだ後、ヨーロッパへと留学。ベルクソンやハイデッガーに師事し、高く評価された九鬼は、欧州と日本の文化の違いを考察し、『「いき」の構造』として発表しました。

九鬼は「いき」であることを次のように定義します。「垢抜して（諦）、張のある（意気地）、色っぽさ（媚態）」が「いき」であるというのです。

さらに詳しく見ていくと、「『いき』の第一の徴表は異性に対する『媚態』」であると九鬼は綴ります。その上で、「異性に対して一種の反抗を示す強味」の〝意気地〟に加え、「運命に対する知見に基づいて執着を離脱した無関心」の〝諦〟がなくてはならないそう。**異性への〝意気地〟と執着のない〝諦〟、そしてくどくない〝媚態〟**。

物事の酸いも甘いも経験し、異性に対してもそう簡単になびかなくなる中高年こそ「いき」であるということ。もし、「これから先の人生、おもしろいことなんてない」と軽く絶望している人がいるとしたら、『「いき」の構造』を読むことで、〝これから何かが始まる〟可能性を感じられるかもしれません。

本書では「いき」を具体的に定義しています。例えば、服の模様について。横縞よりも縦縞のほうが「いき」だという。その理由は「平行線としての二元性が一層明瞭に表われているためと、軽巧精粋《けいこうせいすい》の味が一層多く出ているため」。つまり、**縦縞のほうが平行線をより美しく見せ、重力に抗えずに落ちた小雨や「柳条」（柳の枝）のような軽み**

を感じさせるから。交わるようで交わらない男女を表象してもいる。あまり粗い縦縞だと男女が遠くなるので、細かい縦縞がいい。そういったことまで書いてあります。そのほかにも、左右対称ではなく、「姿勢を軽く崩す」のが「いき」、裸体よりも「うすものを身に纏《まと》う」のが「いき」というように、具体的な「いき」の作法を学べます。

さらに興味を覚えるのが、「渋味―甘味」「意気―野暮」「地味―派手」「上品―下品」という対立軸を持つ美意識の見取り図。「雅」は上品、地味、渋味のつくる三角形を底面としてOを頂点とする四面体。「きざ」は派手と下品を結んだ直線などと、切れ味良く説明しています。読めば、ひととは一味違うコメントができることうけあいです。

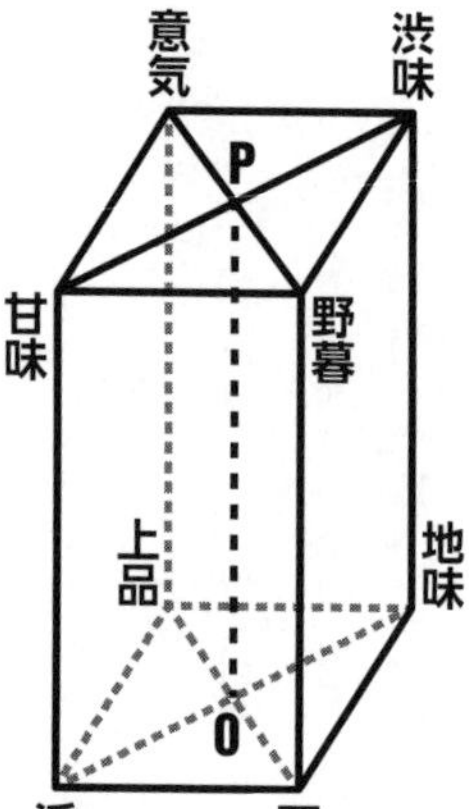

第6章

一行で、武器としての言葉を得る

——語彙力をきたえる読書

語彙力は文化の礎

物事を考えるとき、思考するときというのは、ほとんどの場合、頭の中に言葉を思い浮かべています。思考の材料は言葉であり、その言葉を組み合わせて、会話や行動を組み立ててアウトプットします。

ということは、**個人の個性なり能力は言葉しだいといっても過言ではない。**乏しい語彙力では、それを通した狭い世界しか見ることができません。話し言葉だけで思考しようと思えば、どうしても思考は単純になります。逆にいろいろな言葉を知っていることによって、感情や思考自体が複雑で緻密なものになっていきます。

私は語彙力をタイトルに冠した著書も出版していますが、「語彙力を高めることによって、この世界が豊かになる」と考えています。

たとえば、同じ赤でも、鮮やかな「深紅」なのか、渋い「海老色」なのか。語彙力があるほど、ひとつの経験から得られるものが二倍にも三倍にも大きくなる。**世界を認知する〝網〟の目を細かくすることで、同じように歩いていても、より多くの情報をキャ**

ッチできるようになるということです。

かわいらしいものを見たとき、おいしいものを食べたとき、危ない目にあったとき、**心**を動かされた現象をすべて「ヤバイ」で片付ける人をどう思うでしょうか。私には、世界が平板にしか見えない人として、かわいそうに思えてきます。

名著から語彙力をつける

語彙力は、ものの見方とセットになっています。ユニークな角度からものを見られる人は、その角度をアウトプットするための語彙も同時に持っています。私たちもそのアウトプットした言葉を借りることで、ものの見方の角度をトレースできる。**トレースを続けるうちに、その人のものの見方の片鱗がつかめてくる。**その意味で、すぐれた作家の語彙にできるだけ触れることが大事なのです。

それには名著を読むのが一番です。マンガやブログも活字の一種ですが、絵が中心のマンガは文字数に制限がありますし、ブログは、基本的に著者ひとりで書いたもので練り込みが足りない面がある。編集者や読者など多くの人の評価を経て、語彙の豊富さ、表現の巧みさが保証されている名著こそ、語彙力の鍛錬には最適です。

古典のすばらしさは、国境を越えます。大学の学生たちとシェイクスピアの原文を音読してみると、みな一様に「英語はこんなに美しくて、かっこよいものだったんですね！」と感動する。

エッカーマンの『ゲーテとの対話』によれば、ゲーテはこんなことを言ったそうです。

「シェークスピアは」「銀の皿に金の林檎をのせて、われわれにさし出してくれる。ところがわれわれは、彼の作品を研究することによって、なんとか銀の皿は手に入れられる。けれども、そこへのせるのにじゃがいもしか持っていない。これではどうにも恰好がつかないな」

シェイクスピアは一六世紀末から一七世紀初頭にかけて活躍した作家ですが、愛や嫉妬、プライド、親子関係など、いつの時代にも変わらない人間の業を描いています。ストレートな表現から、誰も思いつかない比喩まで、語彙が驚くほどに豊富です。世界最高の知性といわれるゲーテですら、シェイクスピアを「研究する」ことによって、「銀の皿」だけはなんとか手に入れられるというのです。

語彙力は会話にあらわれる

また、読書をしていることは、会話にも表れます。漢語の文脈は、読書量が多いほど使いこなせる。書き言葉と話し言葉は必ずしも地続きではないのです。日本語の書き言葉には、話し言葉にはあまり出てこない表現が数多くあります。その代表が漢語的表現と慣用句です。これは読書を通じてしか鍛えられません。

「上半期の業績はダメだったけど、下半期でがんばって取り戻そう」

とビジネスで発破をかけるのを、こう言ったら印象は違います。

「上半期の業績は及ばずながら、運は天にありだ。下半期は一気呵成に挽回しよう」

ここに紹介したどの作品を読んでも明らかですが、語彙力は、先人たちのほうがはるかに私たちを上回るのではないでしょうか。誰が幸田露伴や三島由紀夫のような、日本語の表現力を使い切った文章を書けるでしょうか。誰がシェイクスピアのようなイメージの奔流を生み出せるでしょうか。**まず驚くところから始めてほしいと思います。**そこから、語彙力の習得は始まるのです。

『金閣寺』　三島由紀夫

金閣を焼かねばならぬ。

天才的発想の作家の名文に触れて語彙力を育む

三島由紀夫は、日本文学史上の頂点を争う文豪です。

奇抜にしてドラマティックな発想。論理と感情が間然するところなく練り上げられた完璧な文章力。絢爛豪華な語彙力。登場人物のセリフの一つひとつが際立っていて、**音読するだけで演劇として成立するほど**。「天才」と表現することしかできません。

『金閣寺』はなかでももっとも好きな作品の一つです。一九五〇年に起きた金閣寺放火事件を題材にした、壮大で独創的な小説です。溝口は、幼少の頃からの父の教育によって、いつしか「美しい人の顔を見ても、心の中で、『金閣のように美しい』と形容する」までに、金閣寺の美しさをすり込まれます。

美意識は人間にとって根源的なもので、溝口にとっては究極の美が身近に厳然としてあることで、目の前の女性がかすんで見えるのです。

修行僧として金閣寺に入寺した溝口は、老師の厚意によって大学で学ぶことになります。そこで、柏木という男と出会います。吃音《きつおん》というコンプレックスを抱える溝口と、内反足の障害を負う柏木は、身体機能にハンディをもち、世間からズレているという共通点を持っています。童貞だった溝口は、柏木の手引きによって女性をあてがわれ、ついに女性のほうに手を滑らせました。そこで重要な一文が登場します。

「そのとき金閣が現われたのである。」

女性と自分の間に「威厳《いげん》にみちた、憂鬱《ゆううつ》な繊細《せんさい》な建築」が、「それは私と、私の志《こころざ》す人生との間に」立ちはだかった。欲望を満たそうとした溝口は、自分が最高の美とする金閣寺に包まれ、「人生への渇望《かつぼう》の虚《むな》しさ」を知ってしまったのです。

外から金閣の姿を憧憬とともに見ていただけだった溝口。しかし、**金閣という「永**

遠」に触れた溝口は、自分の欲望の象徴であり「人生」である女性の身体に触れることにむなしさを覚えたのです。

金閣寺の幻影は溝口を執拗に追います。別の機会には「又そこに金閣が出現した。というよりは、乳房が金閣に変貌したのである」。溝口にとっては一大事です。溝口は金閣寺に荒々しくよびかけます。「いつかきっとお前を支配してやる。二度と私の邪魔《じゃま》をしに来ないように、いつかは必ずお前をわがものにしてやるぞ」。

そうしてついには溝口は想念に飲み込まれていきます。

「金閣を焼かねばならぬ。」

なんと格好のいい一文でしょう。溝口にとっては、世界全体を手に入れることとはもはや、金閣寺を焼くことでした。そして、「別誂《べつあつら》えの、私特製の、未聞《みもん》の生がそのときはじまるだろう」と期待するのでした。

『金閣寺』を読むと人生が違ったように見えてきます。**自分の「金閣」はなんなのだろう。自分はきちんと「人生」と向かい合っているのか**。「金閣を焼かねばならぬ」。この圧倒的な刀の一閃のような一行は、魂の深淵への入口にほかならないのです。

『五重塔』 幸田露伴

腹に十分《じゆうぶ》の強みを抱《いだ》きて、背をも屈《ま》げねば肩をも歪《ゆが》めず、すつきり端然《しやん》と構へたる風姿《ようだい》

オーケストラのごとき日本語の圧倒的表現力

幸田露伴を一言で表現するならば、「語彙力の鬼」だと思います。ここに挙げた一行を音読してみてください。立ちあがるイメージの豊饒さといったらありません。

明治維新の直前に生まれた露伴は、日本がガラッと変わる過渡期に活躍しました。漢文学や古典などにも造詣が深い露伴は、江戸時代から使われてきた大和言葉と、明治の時代から存在感を増してきた漢語を自在に使い分ける言葉のエキスパート。

その筆から生まれる文章はまるで和歌のよう。**音読してみると、そのリズム感に気持**

ちは高揚し、反対に心を落ち着けて精読していくと、日本語の奥深さと面白さをしみじみと感じられます。同年生まれの尾崎紅葉とともに、「紅露時代」を築きました。

そんな露伴の代表作が、文学史上にもその名を轟かせる『五重塔』です。

主人公は、鈍い性格から〝のっそり〟と呼ばれる大工の十兵衛。谷中感応寺の五重塔の建立計画を知った十兵衛は、なんとしてでも自分が手掛けたいと奮起。先輩である川越の源太からなかば奪い取るように仕事を譲ってもらい、さまざまな妨害を乗り越えながらも、建造を成し遂げる姿を描いた小説です。

その日本語の力に触れてみます。

たとえば、源太の職人としての優秀性を描く場面では、「腹に十分《じゅうぶ》の強みを抱《いだ》きて、背をも屈《ま》げねば肩をも歪《ゆが》めず」と重い物を持ち上げても、背も肩も真っ直ぐに保つ姿を「端然《しゃん》」と構へたる「風姿《ようだい》」とルビを振るのです。この豊かな発想力には驚嘆します。「端然」を「しゃん」を読むことによってリズム感と親しみやすさを、「風姿」を「ようだい」と読むことによって威厳を加えて、より豊かに人物を描写することに成功しています。**まるでオーケストラのアンサンブルのようです。**

十兵衛と源太の会話も圧巻です。**「磨《みが》いて礪《と》いで礪ぎ出した純粋《きつすい》江戸ッ子粘り気無し、一《ぴん》で無ければ六と出る、忿怒《いかり》の裏の温和《やさし》さも飽《あく》まで強き源太が言葉に、身動《みじろ》ぎさへせで聞き居し十兵衛」**。いかがでしょうか。私は最初に読んだときは、日本語とはこんなに豊かであったのかと嘆息してしまいました。

露伴の手にかかると、「蹲踞」は「しゃがむ」と読み、「衣服」は「なり」、「正然」は「ちゃんと」とし、「職業」は「しょうばい」となります。「本気」と書いて「マジ」と読み、「強敵」を「とも」とする、日本のマンガ文化の原点は露伴にあるのかもしれません。

文語体なので、『五重塔』も現代の私たちにとっては、難解と思える部分もあります。しかし、かつては、一般人が読んでいたのですから驚きです。私たちは、残念ながら日本語能力において退化してしまっているのかもしれません。それは反省すべき材料であるとともに、**過去の作品をそのまま読める環境に感謝の念が湧いてきます。**

『五重塔』を誰でも簡単に手に取ることができる時代になりました。教養を深める機会は、どこにでも転がっています。

『パンセ』　パスカル

人間《にんげん》は自然《しぜん》のうちで最《もっと》も弱《よわ》いひとくきの葦《あし》にすぎない。しかしそれは考《かんが》える葦《あし》である。

宇宙全体よりも広く大きいものは、あなたの意識

人は、ときにセンチメンタルになるものです。なぜ、自分が存在しているのか。自分とはいかにちっぽけな存在なのか。突然、**〝自分〟という存在の儚《はかな》さに、打ちひしがれそうになることもある**でしょう。

そんなときに思い出してほしいのが、かの有名なフレーズ「それ（人間）は考《かんが》える葦《あし》である」です。パスカルの『パンセ』の一節ですが、考えてみれば不思議です。なぜ、「葦」なのでしょうか。同じ植物なら、「栗」だって、「メタセコイア」だっていいわけです。そんな混乱が発生する理由は、直前の一文が引用されていないからなのでした。「人間《にんげん》は自然《しぜん》のうちで最《もっと》も弱《よわ》いひとくきの葦《あし》にすぎない。しかしそれは考《かんが》える葦《あし》である」。人間を殺すのには、宇宙全体はおろか、風の一吹き、水の一滴ですら十分である。人間は、かよわい存在です。しかし、パスカルは「人間《にんげん》は、人間《にんげん》を殺《ころ》すものよりもいっそう高貴《こうき》」だといいます。**なぜならば、「人間《にんげん》は自分《じぶん》が死《し》ぬことを知《し》って」いて、「宇宙《うちゅう》はそれについては何《なに》も知らない」からです。**

人間は思考します。意識があります。そこにはあらゆる尊厳があり、また、思考するからこそ人間は尊い存在であるというわけです。

この一節を読むと、私は学生時代に行った小笠原諸島への船旅を思い出します。ご存じのように、小笠原諸島へは船便しかありません。所要時間はおよそ二四時間。船に酔いやすかった私は読書をするわけにもいかず、甲板に出てぼーっと海と空を眺めていました。そんな暇人はいないのか、周囲に人影はありませんでした。

ふと瞬間突然、自分の存在が、この大海原と空の中にかき消えるような感覚に襲われました。まるで海が急に深くなり、そこに引きずり込まれていくような、底知れぬ怖さを味わいました。

しかし、そこに飛んできた海鳥を見て、取り乱していた心が整いました。**視界の限り広いこの大海原で「意識」があるのは自分だけ。**その「意識」が、この広い世界を生きていくための頼りになる〝命綱〟であるように思えたのです。

パスカルは天才的な科学者です。計算機を発明し、確率論の土台を築くなどの科学的業績を残しました。「パスカルの原理」と呼ばれる水圧の原理でも有名です。

そんなパスカルは同時に、熱心なキリスト教の信者でもあり、神学者でもありました。「神」という絶対的な存在を頂点とするキリスト教の教義を追求しながらも、科学的な立場にたって自然現象を分析していたのです。なんと柔軟な思考の持ち主だろうと嘆息してしまいます。

パスカルは言います。いくつかの原理から出発して、推論を積み重ねて、演繹的に世界を解明していく「幾何学的な精神」と、直感的に世界を把握する「繊細な精神」を両立すべきであると。

その問いかけは今も有効です。

『存在の耐えられない軽さ』 ミラン・クンデラ

重さ——軽さという対立は あらゆる対立の中でもっともミステリアス

快楽と哲学をむすぶ絢爛豪華な語彙に酔いしれよう

スリリングな恋愛模様と、深い哲学的洞察。両立不可能に思える要素を、小説というパッケージで見事にまとめた希有な一冊が、ミラン・クンデラの『存在の耐えられない軽さ』です。刊行は一九八四年。冷戦下のチェコスロヴァキアが舞台です。

主人公のトマーシュは、優秀な外科医ですが、たくさんの女性と遊んで付き合うプレイボーイ。トマーシュは、旅先のカフェでウェイトレスをしていたテレザと出会います。田舎に辟易としていたテレザは、トマーシュを追ってプラハへ出奔。情熱的な愛にほだされて、トマーシュはテレザと結婚をします。しかし、彼の遊び癖は治らず、愛人関係にあった画家のサビナとの付き合いも続いています。

本書のテーマのひとつが〝重さ〟と〝軽さ〟です。主に登場するキャラクターでいえば、一途にトマーシュを愛するテレザは重い。一方、恋愛に奔放なトマーシュと、サビナ（彼女はトマーシュのほかにもフランツという愛人がいます）は軽いといえるでしょう。

それでは人生の愛については、果たして重い方がいいのか、軽い方がいいのか。

確かに、相手を愛すると自然と愛は重くなっていくでしょう。しかし、そもそも、人間は存在自体が軽いのではないでしょうか。

本書の冒頭は、こう始まります。「永劫回帰という考えは秘密に包まれていて、ニーチェはその考えで、自分以外の哲学者を困惑させた」。宇宙の循環運動のように、この生が何度も何度も繰り返されるとしても、生の瞬間一つひとつを肯定するという「永劫回帰」をニーチェは「もっとも重い荷物」と位置付けました。

これを受け、一方のクンデラは、こう続けます。「永劫回帰が最大の重荷」なら、一度切りの「われわれの人生というものは」「素晴しい軽さ」であると。**人間は軽いもの**

であり、その軽さの中に甘美さがある。それを味わうのも人生の醍醐味のひとつではないかと考えさせられます。

読者の恋愛観も揺さぶられます。トマーシュは女性自身を好きなのではなく、「一人一人の女を違ったものにする百万分の一の差異に夢中になるのである」。ほとんどの人間は同じである。違いは、百万分の一しかない。それを見付け、愛することこそ、彼が夢中になっていることなのです。彼はその差異をセックスにおいて認めるのだと言います。なぜなら、**「誰でもが得られるものではなく、努力して得られるもの」**だから。

サビナの愛人は、筋骨隆々で、柔道を習っていたほどの肉体派です。「愛とは力をふるわないこと」というジェントルな彼ですが、サビナはこう意識します。「この科白によりフランツは彼女のセクシャル・ライフから失格」と。サビナは、トマーシュのような命令する強さや、知性を土台にしてふるう力に性的な魅力を感じるのです。

「人生のドラマというものはいつも重さというメタファーで表現できる」とクンデラは言います。『存在の耐えられない軽さ』は、永遠に行き来を続ける人生の天秤を、恋愛模様を通じて透かしてみられる思想書でもあります。

『宮沢賢治全集I』宮沢賢治

おれはひとりの修羅《しゅら》なのだ

賢治は聖人君子ではなくロックだ！

宮沢賢治は、日本を代表する童話作家であり、詩人です。『雨ニモマケズ』や『注文の多い料理店』『銀河鉄道の夜』などは、タイトルくらいは知っていなければ恥ずかしい日本人の基礎教養となっています。

しかし、題名だけではもったいない。実際に読んでみてください。物語の文体は平易で読みやすく、豊かな表現でキャラクターの心理や情景を描写しています。一方、詩はロックの歌詞と見まごうむき出しの気持ちを素直に吐露し、時として鬱屈した感情を表出しています。**その斬新な表現からは溢れ出るエネルギーを感じられます。**

なかでも、私がおすすめしたい作品は詩「春と修羅」です。

賢治は岩手県の出身です。「春と修羅」は、東北の長い冬を越え、新たな生命が息吹く春を描いた口語詩です。春の一般的なイメージは、暖かくて穏やか。しかし、賢治にとっての春は異なるよう。「れいろうの天の海には　聖玻璃《せいはり》の風が行き交ひ」と美しい風景を認めながらも、心象は「はひいろ」（灰色）です。そんな春に対峙した賢治は、「おれはひとりの修羅なのだ」というのです。

宮沢賢治は、自分のアイデンティティが何であると自任していたのか。それは「修羅」です。修羅は阿修羅ともいい、仏教の鬼神のこと。人間が輪廻転生する六道の一つで、修羅道に転生した修羅は、現世に対しての妄執に苦しむそうです。

欲望にもがくのが修羅です。「いかりのにがさまた青さ　四月の気層のひかりの底を唾《つばき》し　はぎしりゆききする　おれはひとりの修羅なのだ」。賢治にとっては春は灰色とともに「青」。「ブルーな気分」の「青」です。そんな四月の光の中を、修羅の賢治は唾を吐いて歯ぎしりして行き来します。**「春」の中にいて、もがいているのです。**

春は、エネルギーが溢れる季節。それは、性的な欲望もしかり。一方で、生涯にわたって女性経験がなかったと伝えられる賢治にとっては、内側から〝力〟が溢れすぎてしまう季節だったのでしょう。よだかの星を目指して大空を飛びたい賢治ですが、泥の中を駆けずってもがくことになってしまう。そんな自分自身の中にある妄執を「修羅」と表現したのでしょう。

それと対照的に詩の中で描写されるのが「ZYPRESSEN《ツィプレッセン》」。ドイツ語で「イトスギ」です。イトスギは造園樹などにも用いられる植物で、空に向かってピンと伸びていく姿が特徴です。そのまっすぐな姿に比べて、泥の中でもがいている自分の惨めさを賢治は描写します。同時に、**イトスギのように成長したいという思いも、賢治は投影しています**。そこには、鬱屈したエネルギーを昇華しようとする強い意志を感じます。

「雨ニモマケズ」しか知らない人は、賢治に対して、滅私の気持ちを持った清廉潔白な人物であるという印象を持っているかもしれません。「春と修羅」を読むと、人間くさい欲望にもがき苦しむ一面も見えてきます。高く成長したいという志も感じます。人も世界も多面的なのです。賢治のロックな魅力に触れてみてください。

『ホモ・ルーデンス』　ホイジンガ

人間文化は遊びのなかにおいて、遊びとして発生し、展開してきたのだ。

プレイという一語の浮力で見えてくる、この世に生きる醍醐味

真面目に仕事や家事をすることが、正しい生活であるという常識に、窮屈さを感じている人もいるでしょう。しかし、人が人たるゆえんは、そんな義務を果たすことだけでしょうか。私たち人間が、「人間」である根拠はどこにあるのでしょうか。

オランダの歴史家であるホイジンガは、それを〝遊び〟だと喝破し、『ホモ・ルーデンス』を発表しました。日本語では「遊ぶ人」を意味します。つまり、遊びこそが人間の本質であるとホイジンガは言います。

遊びは文化よりも古い。『ホモ・ファーベル』（作る人）よりも『ホモ・ルーデンス』（遊ぶ人）が先にある。そして、「人間文化は遊びのなかにおいて、遊びとして発生し、展開してきたのだ」とホイジンガは主張します。つまり、私たちが今、「文化」と呼ぶものは、堅苦しい手続きや労働によって築かれたものではなく、「遊び」から生まれたというわけです。

ここで勘違いしてはいけないのは、「遊び」＝「不真面目」ではないということ。それどころか、「真面目でなければ遊びではない」のです。遊びとは、英語で〝プレイ〟ですが、遊んでいる子どもはもちろん、スポーツマンもプレイ（競技）しますし、ヴァイオリニストもピアニストもプレイ（演奏）します。舞台の上に立つ役者もプレイ（演技）しています。

誰もがプレイに没入しながら、自分がプレイしていることを自覚しています。そこにあるのは、「遥かの高みのあたりを翔《かけ》りながら、ある世界を体験」をしつつ、「現実にしていることが演奏《プレイ》」であることに変わりはないという事実です。

そう聞くと、私たちも、全力でプレイをすることで、新たな高みへと登ることができるような気がしてきます。

しかし、「プレイ」と言われると、「英語の言葉遊び」ではないかと訝しむ人もいるかもしれません。そうではありません。ホイジンガは、日本文化にも言及しています。

「日本の美的な茶の湯も『遊ば』れるものである。茶の湯の席では、陶器の茶碗が賞玩され、それを讃える言葉とともに次々と隣席の人の手へと回されていく」

とホイジンガは記述します。そのさい、人々は目を見張って演じるように褒め言葉を口にし、大事なものを抱えるようにゆっくりと回します。そこには、「プレイ」に通じる「遊び」感覚があります。敬語にも「遊ばせ」言葉があります。「着く」ことを「お着き遊ばせる」などともいいます。日本でも、文化や尊さは、「遊び」から発生するのです。

裁判、運命、吉凶占い、賭博、挑戦、闘いなど、古代からすべての文化は遊びから発生したというホイジンガにならって、暮らしの中に「真面目」な「遊び」を取り入れてみましょう。**仕事だって、家事だって、全力で〝遊んで〟みればいいのです。**

『嘔吐』 サルトル

実存は、眼や鼻や口やいたるところから、私の中に侵入してくる……

混沌とした世の中を生きるヒント

『嘔吐』という小説は、転がっている紙切れ、浜辺の石、カフェの給仕のサスペンダーと、あらゆるものに吐き気の発作を起こす青年が主人公です。

その吐き気の正体は何なのか。主人公は飛び込んだ公園でマロニエ（大型の落葉樹）の根を見てまたも嘔吐に襲われます。根の塊は「大地に、深くつき刺さっていた。それが根であることを、もう思いだせなかった」という描写があります。**「言葉は消え失せ、言葉とともに事物の意味もその使用法も、また事物の表面に人間が記した弱い符号**

もみな消え去った」

ここで問題提起されているのは、**人間が付与している意味が全部消え去ると、世界はどのように見えるか**ということ。事物そのものが立ち現れてきます。主人公は「生地そのままの塊とじっと向いあっていた」と述懐します。

私たちはふだん「これはマロニエ（木）の根だ」とわかっているから、それを何の気なしに見ることができますが、意味がはぎとられてそれ自体を見れば、グロテスクな塊です。「その塊は私に恐怖を与えた。それから、私はあの天啓を得たのである」「実存はふいにヴェールを剥がれた」「マロニエの樹《き》は私に身を押しつけてきた」。**むき出しの事物が迫ってきて、主人公は吐き気を催したのです。**

著者のサルトルは一九六〇年代のスターともいえるフランスの思想家。「実存は本質に先立つ」という実存主義を広めた人です。私たち人間は、なんのために生きるのか、生きる目的という「本質」の前に、現にここに存在している「実存」なのです。

私たちは何かの目的をもって生まれてきたわけではなく、この世界に投げ出された。しかし、私たちは選択によって自分の未来を切り開ける。そう彼は言います。

さて、『嘔吐』の主人公に、意味をはぎ取られたあらゆる事物がおそいかかります。「私は、名づけようもない『事物』の真ん中にいる」「私にはもう耐えられなかった。事物がこうも身近いことに我慢できなかった」。そしてついには「実存は、目や鼻や口やいたるところから、私の中に侵入してくる……。そしてたちまち一挙にして幕が裂け、私は理解した。私は〈見た〉」。そして吐き気の正体を知るのです。

「吐き気とは、もはや病気でも、一時的な咳込みでもなく、この私自身なのだ」

サルトルが、名前や意味がはぎとられた事物、すなわち実存に触れて吐き気を催したのは、いかにも西洋的です。東洋の瞑想は、意味を失った世界の豊かさを祝福します。西洋では、世界が意味を失ったことは人間が支配できないことを意味するわけですから恐怖です。**一方、東洋人は自分を、世界から意味がなくなったことを幸せととらえる。これはものすごい違いです。**

しかし、サルトルによれば、人間とは実存の混沌に陥った状態がゴールではありません。スタートなのです。自分自身で「本質」を発見していく。人間は無から生まれるが、人生の意味を自分で見付ける。そうサルトルは説いています。

『斜陽』 太宰治

私、不良が好きなの。それも、札つきの不良が、すきなの。

いつ読んでも古くならない比類なき文章力

強さと勢いのある言葉の奔流。ひとたび音読すれば虜になる文章のリズムとテンポ。

太宰治の日本語力は「天才」の一言につきます。

口述筆記された代表作『走れメロス』では、冒頭から「メロスは激怒した」「メロスには政治がわからぬ」と一気に私たちを作品世界に誘います。口述つまり話し言葉では、語彙は少なくなるのが普通ですが、「邪智暴虐《じゃちぼうぎゃく》の王を除かなければならぬと決意した」「繋舟《けいしゅう》は残らず浪に浚《さら》われて影なく」といった名フレーズが怒涛のように展開。まさに天才以外の何ものでもありません。私は太宰の大ファンであると自負しており、『走れメロス』『女生徒』など中期の秀作にも感嘆しますが、やはり『斜陽』は欠かせません。

戦後の農地解放によって没落貴族となった主人公かず子は、大黒柱であった父をも失い、東京から伊豆へと移って暮らすことに。貴族の気品をたたえる母とともに、それまでと一転した慎ましい毎日を送るかず子。弟の直治が、阿片中毒となって戦地から帰還し、かず子は直治の師匠的な存在である上原と再会。妻帯者であることを知りながら心惹かれます。

「私、不良が好きなの。それも、札つきの不良が、すきなの」は、かず子が上原への書簡の中で心情を告白したセリフです。

「札つきの不良」といえば、一般的には「どうしようもなく本当に悪い奴」というイメージでしょう。しかし、かず子の母は上原をこう評します。

「札つきなら、かえって安全でいいじゃないの。鈴を首にさげている子猫みたいで可愛らしいくらい」

それを聞いたかず子は「うれしくて、うれしくて、すうっとからだが煙になって空に吸われて行くような気持」になったと告白します。**「札つき」という言葉は、潔さや正直さを表す形容詞へと変換されました。**魔法のように言葉を操る太宰の語彙力の真骨頂です。

やがて、かず子は上原の子どもを妊娠します。そして、授かった子を産み、一人で育てていこうと決意する。かず子は言います。

「私は確信したい。人間は恋と革命のために生れて来たのだ」。恋も革命も、「実はこの世で最もよくて、おいしい事で、あまりいい事」だから、世の大人たちは「意地わるく私たちに青い葡萄だと嘘ついて教えていた」と気づいたかず子は、令嬢のプライドを迷うことなく捨てて、赤裸々に生きることを決意します。

生涯を通じて、太宰がもっとも憎んだのは虚栄心でした。

戦後まもなく発表した小説『貨幣』の中でも「欲望よ、去れ。虚栄よ、去れ。日本はこの二つのために敗れたのだ」と敗戦の原因のひとつが虚栄であるとしています。『ヴィヨンの妻』では、小料理屋から金を盗んで放蕩する夫に対して妻は言います。**「人非人でもいいじゃないの。私たちは、生きていさえすればいいのよ」**。これもまた、グッとくる一行です。

『旧約聖書』

人《ひと》はパンのみにて生《い》くるものにあらず。

西欧の宗教・哲学の核心フレーズから聖書を読む

よく知られているこの言葉は、イスラエルの指導者モーセが口にしたものです。イエスの発言であると勘違いしている人も多いのですが、**『新約聖書』でイエスが同じ言葉を口にしているのは、モーセの言葉の引用なのです。**

旧約聖書の中の英雄がモーセです。モーセはエジプトで奴隷のように使役されていたユダヤ人を率いて、神に約束された地カナンへと脱出する「出エジプト」を果たした人物です。モーセは神の力によって紅海の水を分け、乾いた土地をユダヤ人は渡って逃げることができたと伝えられています。チャールトン・ヘストン主演の映画「十戒」のクライマックスシーンであまりにも有名ですね。

神の啓示を受けて、エジプトを脱出したユダヤ人ですが、長い旅で疲弊してしまいます。「人《ひと》はパンのみにて生《い》くるものにあらず」のフレーズは、モーセが疲れ果てた民にかけた言葉でした。そして、ここが大事なのですが、続く後の言葉が本来の主旨です。「人《ひと》はエホバの口《くち》より出《い》づる言《ことば》によりて生《い》くるものなり」。

パンとは食料や衣服、住まいなど生活に必要なものを指すとされますが、人はそれらのみで生きるのではなく、「神の言葉」を糧にして生きるべしというのが、この言葉の真の意味なのでした。旧約聖書の「申命記」に出てきます。

新約聖書では、四〇日間断食した後のイエスが、悪魔から「神の子ならば、この石ころをパンに変えてみろ」とそそのかされた時に、「人はパンのみにて生くるものにあらず」とかっこよく断っています。さらに後代のドストエフスキーは『カラマーゾフの兄弟』の中の白眉「大審問官」の章でイエスの生まれ代わりを登場させ、大審問官にこう批判させます。あんなことを言ったから、人類はかえって不幸せになった。石をパンに変えてみせたなら、人はおとなしくイエスにしたがっただろう、と。

このように脈々と西洋に受け継がれるテーゼ「人はパンのみにて生くるものにあらず」はモーセの言葉で、**本当に言いたかったのは「神の言葉に養われて人は生きる」ということでした。**旧約聖書ではまずそこをおさえておきましょう。

旧約聖書は、もとはユダヤ教の聖典であり、全能の神エホバとイスラエルの民との契約と交流の物語です。神による天地創造、エデンの園、ノアの箱船、バベルの塔など有名な話が目白押し。注目しておきたいのが「原罪」という考え方です。蛇にそそのかされたアダムとエヴァは、神から禁じられた智慧の実を食べ、楽園から追放されました。神の戒めを破り、神のように善悪を知ったことが、人間が背負う原罪となったのです。でも、その人間たちは、やっぱりパンだけではなく、神の言葉を信じて生かざるをえない。もう楽園にはいないけれども、人には神の言葉を聞く力はある。**人は神を試してはならないが、神は人間の信仰をつねに試しているのです。**

旧約聖書が示す、神と人とのこうした緊張関係は、キリスト教の国々が「八百万《やおよろず》の神」のゆるやかな日本とはまったく違う精神風土にあることを改めて教えてくれます。

第7章

一行で、この世に生きる意味を知る

——共感力をきたえる読書

人と対話する共感力を身につける

読書の良さの一つは著者と「対話」できるということです。

名著には、古今東西の偉大な著者たちの肉声がこもっています。小説なら人物たちの叫びや嘆きや歓喜が、哲学書なら生涯をかけてつかみとった箴言《しんげん》がある。その肉声と対話をすることで、自分の人生にとって有益な何かを得ることができるはずです。

何十年、何百年前の作品でも、私たちは著者と「思い」を重ねることができる。**読書というのは、時空を超えて他者と心の周波数を合わせる稀有な体験なのです。言葉や文章の意味を正確に把握するにとどまらず、相手の感情や心情、距離感などを感じる。「心の機微」や「場の空気」などを推察する。そうした共感力が鍛えられるのです。**

サイエンスライターの吉成真由美さんによるインタビュー集『人類の未来　AI、経済、民主主義』（NHK出版）にこんな記述がありました。経済学の権威マーティン・ウルフさんの言葉です。吉成さんが「若い人たちにどんな本を薦めるか」と尋ねたところ、ウルフさんは「個人的な経験から言えば、二〇歳から二五歳くらいまではできるだけたくさん小説を読むのがいいと思います」と答えました。

その理由として、その年代は「登場人物に付き合う忍耐力」があるという年齢的なことを挙げながら、すばらしい作家は人間の本質をいかなる学問的研究よりも鋭く描いているからだと指摘しています。小説を読むことで、人間とは何かを端的に知る。人に共感する力を身につけるには小説がいいと言っているのです。

無限の人間から人生の教訓を学ぶ

現代は多様性の時代とはいわれながら、**むしろ他者との意見の違いに、多くの人が非寛容になってきている**と思うのは私だけではないでしょう。

人間には自分とはちょっと違う見方、他者に出会った時に排除したくなるという癖がある。だからといって、あいつは○○とレッテル貼りしたりするのは知性的なふるまいとは対極です。共感しつつ理解するという立場を取ること。「一見、自分の感覚からするとおかしいと思う人にも、ちゃんと道理があるかもしれない」と耳を傾けること。そうした態度こそがいま求められていると思います。

フランスの文化人類学者であるレヴィ＝ストロースは、共感力をもった態度で世界を観察し、思想史に残る名著『悲しき熱帯』を発表しました。

二〇世紀の初頭まで、いわゆる文明社会に住むヨーロッパ人は、中南米やアフリカ大陸の先住民を未開であると見下していました。しかし、フィールドワークで彼らと同じ時を過ごしたレヴィ＝ストロースは、その先住民たちの思考法の中に、西洋人との共通点を見いだしたのです。

これは未開なのではなくて違う思考である。「野生の思考」というもう一つの思考なのだと彼は考えます。調査方法自体が共感的です。

理解できないものを未開とするのではなく、西洋とは異なる秩序の「構造」を持つものとして理解する態度が、構造主義人類学にはあります。そのエッセンスは、自分と異なる対象に対して思いを馳せ、共感するという考え方であると思うのです。

今から遠く離れた時代の、会ったこともない人の魂に共感できるのであれば、私たちは無理してストレスを感じる人と付き合う必要もなくなります。これは引きこもれというメッセージではありません。名著の言葉に共感して得た学びの成果というのは、この世に生きる意味を深く理解させてくれます。

グッと引き込まれてこそ

共感力があれば、読書が一つの体験になる。その体験を得られるかどうかは、私たちの本に対する態度にかかっているわけです。

私たちは、フランクルが書いた『夜と霧』を読むことによって、人間がどれほどむごいことを冷静にできるか、言語を絶する絶望的状況でも人は生き抜く力を持っているかを知ることができる。著者と読者とで置かれた状況はまったく異なっていても、**共感という回路によって、彼らがどう感じたか、この世を生きる意味についてどう考えたかを知ることができる。**

冷めた目で名著を読んではもったいない。共感して没頭すれば、その読書は一つの体験になる。ぜひグッと引き込まれてほしいと思います。

『オイディプス王』　ソポクレス

俺の禍いは俺だけのもの、俺以外の誰も、それを堪え担うことは出来はしない。

100ページに人類のあらゆる物語の原型を凝縮

物語というのは、前例があって、それを踏襲し、あるいは否定されることによって、次世代の名作が生まれていきます。いってみれば弁証法的なプロセスで発展するわけです。世界中で読み継がれてきた代表的な悲劇であり、あらゆる物語の原型のひとつである古典が『オイディプス王』です。

『オイディプス王』は、紀元前四三〇年ごろに古代のギリシアで上演された戯曲です。

ソポクレスは悲劇の名手として知られ、古代ギリシアの三代悲劇詩人の一人として名を馳せました。生涯で一二三編の戯曲をしたためたというソポクレスですが、現存しているのはわずか七編。そのひとつが本作です。

心理学や精神分析に多少なりとも関心がある人なら、フロイトの提唱した「エディプス・コンプレックス」という概念を知っているでしょう。男の子は母を求め、ライバルである父を憎く思う無意識の心理作用です。『オイディプス王』は、その下敷きとなった物語。そのテーマを二つの単語で説明するならば、〝父殺し〟と〝近親相姦〟です。

オイディプスは、テバイの王ライオスと妃のイオカステの間に生まれました。しかし、父であるライオスは、オイディプスの命を葬り去ろうとします。なぜなら、ライオスは、アポロンより「実の子によって殺される」という神託を受けていたからでした。

年月が経って、再びアポロンの神託を受けようと旅だったライオスは、道中で何者かによって命を奪われます。国中が混乱する中、スフィンクスの謎を解いたオイディプスはテバイの国の救世主として、国王の座に就きました。そして、母であるイオカステを、それと知らずして妃にしてしまうのです。

国中に疫病が流行ります。神託を受けたところ、「独りの男の追放を、あるいは、流された血は、血をもって贖《あがな》え」と、ライオスを殺した犯人に復讐せよというのです。
当然、民のためにオイディプスは、犯人を捜しますが、預言者のテイレシアスから真相を知らされます。**「自分を生んでくれた女の、息子でもあると同時に夫でもある、その上、父親の寝床をそのまま受け継ぎ、しかもその父親の命を奪ったのだ」**。つまり、ライオスを殺したのは自分であり、さらに、母であるイオカステとも関係をもってしまったことを知ったのです。

オイディプスは、自らへの罰として両の目を潰します。冒頭の一行は、そんなオイディプスのセリフです。戯曲の冒頭で、オイディプスは国に流行る禍いを「私の担っている苦しみは、私だけのものではない」と言いました。一方で、父殺し、近親相姦の罪は、「俺だけの」禍いであると。英雄としての矜恃《きょうじ》を感じられる一言です。「神は乗り越えられない試練を与えない」という新約聖書の一節を思わせます。

戯曲の最後のセリフは、「人の運命は計りがたい、誰にせよ、最後の日を迎えるまでは、それを幸福な男と呼んではならぬ」。諸行無常の仏教の精神を表すようです。**わずか100ページほどに「ドラマ」のすべてが詰まった傑作を読まない手はありません。**

『夜と霧　ドイツ強制収容所の体験記録』　フランクル

人生が何をわれわれから期待しているかが問題なのである。

「試練は運命からの問いかけ」コペルニクス的転回

行動を制限された絶望的な状況に置かれたら、人は思考を停止してしまいがちです。しかし、どんなに苦しい状況のなかでも、心を折られることなく、魂を奮い立たせる人が存在すること、**その気高い精神のあり方は、時代を超えて私たちを感動させます。**

生前のゴッホは描いた絵が売れず、精神の変調もあって終生人間関係のトラブルを抱えながらも、後の世で高く評価される絵画を描きました。宮沢賢治は善いことは何かを求め続け、体をこわして三七歳で亡くなりますが、多数の詩や童話を残しました。

そして、精神科医のV・E・フランクルは、ナチスのユダヤ人強制収容所という人類史の暗黒の極北ともいえる場所に身を置き、『夜と霧』を著しました。ウィーンの病院に勤務していたフランクルは、第二次世界大戦中に強制収容所へ送られ、一九四五年に解放されます。その収容所での生活を記したのが『夜と霧』です。

一九四四年、フランクルはアウシュヴィッツ収容所へと送られました。輸送されるとすぐに、一列の隊列をつくって歩くように命じられます。そして、「人差指の僅《わず》かな動き」によって、動く方向を指図されるのでした。フランクルは左に振り分けられるのですが、「それは最初の選抜だった」。右に行くように指示された者には、「その次に何が起ったかということに就いては私は語らなくてもよいと思う」事態が待っていました。

そんな状況から身を守ることになるのが、「無感覚、感情の鈍麻、内的な冷淡と無関心」だったと言います。ひもじいこと、不潔であること、暴力を受けること、それらにいちいち心を動かしていては、魂が疲労して死んでしまう。**「無感動こそ、当時囚人の心をつつむ最も必要な装甲」**だったのです。

フランクルは、現代の私たちにも深い示唆を与える観察をしています。

収容所では、一九四四年のクリスマスと一九四五年の新年までのあいだに、それまでなかったほどの死亡者がでたそうです。それまで以上に過酷な労働があったからではありません。病気が流行したからでもありません。「絶望」が蔓延したからです。「クリスマスには家に帰れるだろうという、世間で行われる素朴な希望に身を委せた」結果、それが裏切られ、生きる拠り所を奪われたのです。

そこで**フランクルは、生命の意味についての「コペルニクス的転回」をする必要性を提起**します。「すなわち人生から何をわれわれはまだ期待できるかが問題なのではなくて、むしろ人生が何をわれわれから期待しているかが問題なのである」

自分が求めていることを人生に要求するのではない。目の前に提示された問題について、正しい行為によって応答すべきであるというのです。

ここで紹介したエピソードは、二つの重要な気づきを私たちにくれます。ひとつはつねに目標を持つことの重要さ。もうひとつが、人生に何かを求めるのではなく、与えられた今を受け入れて生きることです。想像を絶する過酷な収容所を生きたなかでの言葉から、今を生きるための重要なメッセージを読み取りましょう。

『漱石書簡集』 夏目漱石

ただ牛のように図々しく進んでいくのが大事です。

「漱石の日本語」で人生の知恵を学べる幸せ

古典・名作を読む醍醐味のひとつが、偉大なる著者の思考をたどり、深く共感することで、自分にとっての教訓を得ることです。一方で、たとえ評論でも「作品」には演出が加わります。レトリックや、論に説得力を与える具体例などの付属的な情報によって、受け取るべきメッセージの印象が薄まることもある（もちろん、逆に深まることもありますが）。その意味では、**日記や手紙などのほうが、先人が残した教えをシンプルに享受することができる**面もあります。

夏目漱石は、友人や弟子、同輩たちに数多くの手紙をしたためた筆まめとしても有名です。その数は二五〇〇通以上ともいわれています。漱石はじつに面倒見がよく、悩める弟子たちの相談にのったり、温かいアドバイスを送ったりしています。

漱石は、「木曜会」という会合を開き、教員時代の教え子や若手の文学者を集めて、文学や社会を論じていました。そのメンバーには、芥川龍之介や久米正雄、和辻哲郎、内田百閒など、そうそうたる名が並びます。木曜会の会員にも頻繁に手紙を送っていた漱石ですが、そこにしばしば登場するのは「忍耐強くなれ」のメッセージです。

たとえば、久米正雄と芥川龍之介へ連名で宛てた手紙です。「君方は新時代の作家になるつもりでしょう。僕もそのつもりであなた方の将来を見ています」と期待する弟子たちに、漱石は温かな言葉を贈りました。「むやみにあせってはいけません。ただ牛のように図々しく進んで行くのが大事です」。

時は一九一六年のこと。芥川と久米は、同人誌『新思潮』を発行。特に芥川は、前年の一九一五年に代表作「羅生門」を発表し、その翌年に『新思潮』に掲載した「鼻」を漱石に絶賛されるなど、まさにノリに乗った状態でした。しかし、漱石は「あせら」ず、

「牛」のように「図々しく」進んで行くようにとアドバイスを送りました。続けて、**「世の中は根気の前に頭を下げる事を知っていますが、火花の前には一瞬の記憶しか与えてくれません」**。

「牛」というのは、漱石にとって重要なキーワードです。「われわれはとかく馬になりたがるが、牛にはなかなかなり切れない」牛になって「うんうん死ぬまで押すのです」と説きます。何を押すか。「人間を押すのです。文士を押すのではありません」と。同業者に認められるという結果だけを求めてはいけない。重要なのは、目の前の人間を観察し、読者を啓蒙し、あるいは楽しませることである。過程が重要であるということです。この考え方も、ありがたいものです。

日本近代文学のなかで、色褪せず読み継がれる数少ない文豪といっていい漱石ですが、教育者でもあります。書簡では「弱い事をいってはいけない。僕も弱い男だが弱いなりに死ぬまでやるのである」「文章もいやになるまでかいて死ぬ」と決意を表明しています。

寄り添うような言葉のうちに**「あの漱石でもそうなら」**と、私たちを発奮させる極上の励みを与えてくれます。

『アンナ・カレーニナ』　トルストイ

幸せな家族はどれもみな同じようにみえるが、不幸な家族にはそれぞれの不幸の形がある。

真実の愛も幸福も、蜃気楼にすぎないのか

文学史上で、もっとも有名な出だしのひとつが、この一行でしょう。

家族にとって幸せというのは端から見て一様です。家族がみんな健康で仲良く、暮らしていくのに十分な収入があって、快適に暮らすことができる家があり、おいしいご飯が食べられる。

一方で、不幸といえばバリエーション豊か。大黒柱だったお父さんの会社が突然倒産した、子どもがぐれてしまった、地震で家が倒壊してしまったなど、〝不幸〟である家

庭には、それぞれの不幸な形があります。

しかし、幸せと不幸は、まさに紙一重。幸せのパズルを構成していたピースがひとつでも欠けてしまえば、そこに描かれるのは不幸へと一気に姿を変えることがあるのです。『アンナ・カレーニナ』もそんな物語。作者は『戦争と平和』で有名なトルストイです。

主人公のアンナは、ロシアの貴族で、社交界でも〝花〟として注目される女性です。夫のカレーニンは、高級官僚として働き、社会的地位は高い人物。夫婦仲はどちらかというと冷めているけれど、端から見れば幸せな家庭そのものでした。

そんな家庭に陰りが訪れます。アンナは、青年将校のヴロンスキーと出会い、その存在が気になってしまうようになります。そして、**「突然胸の中に嬉しさと怖さの混じった不思議な感情がうごめくのを覚えた」**のです。恋愛感情というモンスターに気づいた瞬間です。恋の感情を燃え上がらせる燃料は、自分が恋をしているという自覚です。そんな「不思議な感情」に取り憑かれたアンナはもう止まりません。

ついにアンナは、ヴロンスキーとの関係をカレーニンに告白してしまうのです。「わたしはあの人を愛している、あの人の愛人なのです。あなたのことなんて大嫌い」。ここに〝恋愛モンスター〟が誕生してしまいました。アンナは、正義を超えて「ヴロンスキーを愛する自分」を愛するようになりました。「ヒロインコンプレックス」とでもいうべき心理状態です。〝真実の愛〟を追求したい、相手から甘い愛の言葉を囁かれたい。つねに恋愛状態で、つねにそのヒロインであることをアンナは求めるようになります。

その後、離婚を避けたいカレーニンはアンナを引きとめますが、そんなものはアンナにとってただのスパイスでした。結局、ヴロンスキーのもとへと奔走し、ともに暮らすようになります。

しかし、人の心はうつろう。アンナは「わたしに大事なのはただ一つ、あなたの愛だけ」と恋のヒロインを続けますが、アンナの存在が日常となったヴロンスキーに、そのテンションを保てる興奮はもはやありません。そして、悲劇的な結末を迎えるのでした。

名言から始まる『アンナ・カレーニナ』から教訓を多く読み取ることもできます。しかし、**純粋に恋愛のカオスを楽しむのが格別です。**平凡な日常のなかで、あるきっかけから不幸が始まる〝隣の枯れた芝生〟。登場人物たちの気持ちを追って、共感したり、反発したりしながら、複雑な人間絵巻をお楽しみください。

『風姿花伝（花伝書）』 世阿弥編

秘《ひ》すれば花《はな》なり、秘《ひ》せずば花《はな》なるべからず。

いつまでも「花」を咲かせ「まことの花」を手に入れる

「日本の代表的な伝統芸能とは何か？」と尋ねられたときに、「能」をあげる人は多いでしょう。『風姿花伝』は、能を大成した観阿弥が、自身が得た知見や経験を子である世阿弥に口述し、世阿弥が自身の解釈を加えて書として残した芸道論です。

六〇〇年以上も前に執筆された本書ですが、その理論は古びず、芸道を極めようとする人だけでなく、私たち市井の人間にも、生きる知恵を与えてくれます。

『花伝書』のキーワードの一つが〝花〟です。

その花とは何なのでしょうか。**「花は、見る人の心にめづらしきが花なり」**であり、**「人の心に思ひも寄らぬ感を催す手立《てだて》、これ花なり」**なのです。見た人を新鮮な気持ちにさせ、はっと目を見開かせる。単純に芸術的に完成度が高いことだけがすばらしいことではなく、さらに意外性と新規性を感じさせなければなりません。

だからこそ、「秘すれば花なり、秘せずば花なるべからず」。花はできるだけ秘密にして、すべてを明らかにしてはいけません。そうでなければ、飽きられてしまいます。**「花と、面白きと、めずらしきと、これ三つは同じ心なり」**というのです。

ぐっと身近な例ですが、ある行列ラーメン店も、この教えを実践しているようでした。昔からの人気店ですが「初めて来たけどこんな味初めて」「一〇年ぶりに来たけど、変わらずにうまい」といった感想が飛び交うのですが、じつはスープを時代に合わせて少しずつ進化させていたのです。**変化しなければ、「変わらずおいしい!」と思わせることはできないという逆説です。**

誰しもが迎える老いを、前向きに捉えるための考え方も書かれています。「時分の花」と「まことの花」です。

年齢が一二、一三歳にもなると、能楽師の評価はぐっと高まります。音程をしっかりとれるようになり、芸や演技のことも少しずつわかるようになるからです。加えて、幼さを残した容姿や声は愛らしく、「二つの便りあれば、悪《わろ》き事は隠れ、よき事はいよいよ花めけり」と、舞台の上では何をしても花があるように思えてしまいます。

しかし、これは「時分の花」。若さという時分によって、いわばブーストされている状態です。そこで驕らずに、修練を重ね、花を大事に育てていくこと。そうして辿り着く境地が「まことの花」です。

観阿弥が死すおよそ一月前、駿河の国の浅間神社の神前で舞う父の姿を、世阿弥は鑑賞します。五二歳となった観阿弥は、さすがに体力は衰え、舞う演目は少なかったそうですが、「花はいや増しに見えしなり」と、際だって見えたのだそう。それは、「まことに得たりし花なるがゆゑ」「老木《おいき》になるまで花は散らで残りしなり」。長い時をかけて得た花は枯れることなく、最後まで美を誇りつづけたのです。

「秘すれば花なり、秘せずば花なるべからず」。この言葉を持つことで、人生胸をはって、その年齢なりに燃焼して生きることができそうな気がします。

『フランクリン自伝』 フランクリン

第一節制　飽《あ》くほど食うなかれ。酔うまで飲むなかれ。

良い習慣を作ることが人間の総合力を最も底上げする

ベンジャミン・フランクリンは一八世紀のアメリカで活躍した人物です。「人物」というぼやっとした言い方をしたのには理由があります。フランクリンの功績があまりにも多岐にわたるからです。

政治家としてはアメリカ独立宣言の起草委員となり、署名したうちの一人となりました。外交官としては駐仏アメリカ大使に就任し、アメリカとスウェーデンの間の友好通商条約を締結します。さらに、科学者としては、凧あげの実験により雷の正体が電気であることを証明し、実業家としてはアメリカ初のタブロイド紙を発行しています。アメリカの最高額紙幣である一〇〇ドル札の〝顔〟にもなっていて、**実業家イーロン・マスク氏も彼の本に影響を受けたといわれています。**

「一人の人間がこれだけできるのか」という圧倒的な総合力をもったフランクリン。多彩な才能と、精力的に活動するエネルギーの源泉はどこにあるのか。それを記したのが『フランクリン自伝』です。子孫に成功の秘訣を伝えるために記したという一冊だけあって、マインドセットの持ち方や仕事術が具体的に記されています。

フランクリンは、印刷工を最初の仕事に選びます。そこでは「これまでのよりもっと良い書物に接する機会」を得て、知識を増やしました。そして、印刷業者として独立し、新聞を発行。議会の関係者や政治家などと知り合い、政界進出への足がかりをつくっていきます。知識とそれを応用する場、二つをフランクリンは得たわけです。

信条はフェアであること。「人と人との交渉が真実と誠実と廉直《れんちょく》とをもってなされることが、人間生活の幸福にとってもっとも大切だと信じる」と説きました。

そんな精神は、東洋思想の「徳」に通じるものがあるでしょう。徳を積むために、フランクリンが実践していたのが、「十三徳樹立」です。**すなわち「節制」「沈黙」「規律」「決断」「節約」「勤勉」「誠実」「正義」「中庸」「清潔」「平静」「純潔」「謙譲」です。**

冒頭で紹介した一行は、その最も基礎となる「節制」の説明です。

これらを表の縦列に、曜日を横の行に置きます。そして、実践できなかった項目に「**＊**」を入れることで、彼は徳の実践を可視化して管理しました。週ごとに重点項目を決め、集中的に反復し習慣化する発想には恐れ入ります。

文章を上達させたいのならば、ひとつの新聞記事からメモを作成し、数日後に、それを元にして記事を復元するといいとフランクリン。**「自惚れというものは、その当人にもまたその関係者にも、しばしば利益をもたらす」**として、自信を持つことや、人の話を聞くことの大切さも教えてくれます。

倫理と資本主義的合理性が一致するという、マックス・ヴェーバーの『プロテスタンティズムの倫理と資本主義の精神』を体現したようなフランクリン。専門性が評価される世の中にあって、自分はこういうタイプだと決めず、縦横無尽に動き、トータルな人間性で生きる決意と知恵を教えてくれる一冊です。

『饗宴』 プラトン

全きものに対する憧憬と追求とはエロスと呼ばれている

仲間と語りあい、高めあっていくことに勝る喜びなし

対話とは、有意義なものです。**自分の意見を論理立てて説明しているうちに、考えが整理されていきますし、相手からの指摘によって論を洗練させることができます。**そうした対話が尊ばれ、何よりも尊ばれていた贅沢な時代がありました。古代ギリシアです。古代ギリシアは、人類史の奇跡ともいえる時代です。真善美を追求する者たちが集い、語り合って「知を愛する行為＝フィロソフィア＝哲学」の礎を築きました。

『饗宴』は、そんな古代ギリシアの一時代、紀元前四一六年に催された酒宴で恋の神エ

ロスを讃える演説などを集めた哲学対話集です。参加者は、プラトンのほか彼の師・ソクラテス、宴会の場を提供したアガトン、パイドロスなど、多数の才人たちです。

印象的な演説を行ったのが、喜劇作家のアリストファネスです。

「世人はエロスの威力をまるっきり理解していない」というアリストファネスは、かつてこの世には、男と女のほかに、第三の性があったといいます。男女両方の性を兼ね備えたアンドロギュノス（両性具有）です。アンドロギュノスは、二つの顔と四本の手、四本の足を持っていました。しかし、ゼウスに不遜な態度をとったために、体を真っ二つにされ、別々の体にされてしまったのでした。

男女が愛し合うのは、「いずれの半身も他の半身にあこがれて、ふたたびこれと一緒になろうとした」から。再び結合し、完全体を目指そうとしたのです。**「全きものに対する憧憬と追求とはエロスと呼ばれている」**と、アリストファネスは主張しました。

非常に興味深く示唆に富んだ演説であり、その発想は私たちに自由を与えてくれます。もともと人間とは男女の性を兼ね備えていた。それゆえ、〝男らしさ〟〝女らしさ〟という考え方は、後付けであったというのです。性別という枠を超えて、自分が好きなことをして、〝人間〟として自分を解放する。アンドロギュノスという考え方は、そんな選択肢を与えてくれます。

さらに、同性愛についても言及しています。同性愛者はそのアンドロギュノスの片割れが同性であった。だから、自然なことであるとアリストファネスは言います。

そのほかの出席者の演説もおもしろい。パイドロスは、肉体の愛よりも魂の愛を尊び、結果よりプロセスを重視すべきであると説きます。恋愛に限らず、見てくれのいいものばかりを選ぼうとしてしまう私たちに対する警鐘のようです。

真打ちソクラテスの発言も彼らしいものです。アガトンの演説に対して、対話で質問と確認を繰り返します。そして、「貴方に反対することができません」とアガトンは言います。それに対し、ソクラテスは答えます。ソクラテスに反対するのは難しいことではなく、**「むしろ真理に対しては、親愛なるアガトンよ、君は反対することができないのだよ」**。真理に対して謙虚であり、相手を尊重した言葉です。

古代ギリシアの叡智がつまった『饗宴』。真理を求め、仲間と語らい、高めあっていく。ひとつの最高の生き方の形をそこに見いだすことができます。

『悲しき熱帯』　レヴィ＝ストロース

世界は人間なしに始まったし、人間なしに終わるだろう。

ついやってしまう「レッテル貼り」をやめるために

先入観は誰にでもあります。職業や性別、財産の多寡……勝手な思い込みでレッテルを貼ることもあるでしょう。そんな先入観は視野を狭くし、転がっているチャンスをフイにすることにつながります。できるだけ公平でフラットな視座を持つことが大事です。

『悲しき熱帯』は、フランスの人類学者であるレヴィ＝ストロースが、アマゾン奥地でフィールドワークを行った旅行記的な色合いも持った学術書。構造主義を代表する学者である彼は、西洋的、近代的な価値観に疑問を持つ人にとっての知のヒーローです。

レヴィ＝ストロースはアマゾンで「未開」といわれている民族の住む地を訪れ、その生活に密着。旅行記として面白いので冒頭から読んでいってもいいのですが、**第六部「ボロロ族」から入ると、エッセンスをつかみやすいかもしれません。**

ブラジルの南西部にあるマト・グロッソ州のボロロ族を訪れたレヴィ＝ストロースは、彼らの不思議な死生観を目の当たりにします。住民の間に死者が発生すると、村の人々は集団で狩りに出かけます。それは「自然に向けての討伐行」。理想は、ジャガーを仕留めることです。なぜ、狩りをするのか。それは、死は「負債」であり、その債務者が「自然」であるから。死という債務があがなわれるために葬儀は何週間も続きます。「自然たる死は文化たる村に被害を与える。したがって、**村の損失は自然が贖うべき負債である」というのがボロロ族の基本思想**であると、レヴィ＝ストロースは分析しました。

ボロロ族では、「自然」と「文化」が対置されています。生命は文化に属し、死は自然であり反文化的――この考え方は、社会学者の考え方です。一見、スピリチュアルで呪術的な行動様式を持つボロロ族ですが、その思想のベースには知の体系があったのです。

レヴィ＝ストロースは考察します。西洋人によって「未開」とレッテルを貼られた人々は、じつは彼らなりに自然を分類して秩序づけをする「客観的知識に対する意欲」を持っている。そして、その「知的捜査と観察方法」は、西洋人が先進的と誇る近代科学と同等の客観性を持っているのだと。『悲しき熱帯』と並ぶ代表作『野生の思考』で彼はこう言います。**「どちらにおいても世界は、欲求充足の手段であるとともに、少なくともそれと同じ程度に、思考の対象なのである」**。両者の間に優劣は存在しません。

同じく、行き当たりばったりで何かを作り上げているようにみえる「器用人（ブリコール）」は、科学者とは異なる方法で世界を分析しているにすぎないともレヴィ＝ストロースは言います。**自分たちの基準で物事を判断してはいけない。**世界は、大きな枠組みでみれば同じである。レヴィ＝ストロースの考えを学べば、他人に対して共感する力を身につけることができるのではないでしょうか。

本書の最後でレヴィ＝ストロースは言います。「世界は人間なしに始まったし、人間なしに終わるだろう」。人類は、この世界、この地球を借りているだけであって、絶対的な主ではありません。「人間の精神が創り出したものについて言えば、それらの意味は、人間精神との関わりにおいてしか存在」しないのです。

本書で紹介した作品

（品切れになっている本もあります。複数の出版社から出ている作品もありますが網羅はしていません）

●第1章

『ツァラトゥストラ』ニーチェ（手塚富雄訳）中公文庫

『ゴッホの手紙』エミル・ベルナール、J. v. ゴッホ・ボンゲル編（硲伊之助訳）岩波文庫

『罪と罰』ドストエフスキー（江川卓訳）岩波文庫

『五輪書』宮本武蔵（渡辺一郎校注）岩波文庫

『葉隠』山本常朝（和辻哲郎・古川哲史校訂）岩波文庫 ほか

『月と六ペンス』モーム（金原瑞人役）新潮文庫

『論語と算盤』渋沢栄一　角川ソフィア文庫

『白鯨』メルヴィル（八木敏雄訳）岩波文庫

『老子』森三樹三郎　講談社学術文庫

●第2章

『ブッダのことば―スッタニパータ』（中村元訳）岩波文庫

『バガヴァッド・ギーター』（上村勝彦訳）岩波文庫

『新訂 徒然草』兼好法師（西尾実・安良岡康作校注）岩波文庫 ほか

『道徳感情論』アダム・スミス（高哲男訳）講談社学術文庫

『方法序説』デカルト（谷川多佳子訳）岩波文庫
『孫子』浅野裕一　講談社学術文庫 ほか
『新約聖書』新約聖書翻訳委員会訳 岩波書店／『文語訳　新約聖書詩篇付』岩波文庫 ほか
『論理哲学論考』ウィトゲンシュタイン（野矢茂樹訳）岩波文庫
『荘子 第一冊［内篇］』（金谷治訳注）岩波文庫

●第3章

『ファウスト』ゲーテ（相良守峯訳）岩波文庫
『百年の孤独』G・ガルシア＝マルケス（鼓直訳）新潮社
『存在と時間』ハイデッガー（細谷貞雄訳）ちくま学芸文庫
『城』カフカ（前田敬作訳）新潮文庫
『失われた時を求めて』プルースト（高遠弘美訳）光文社古典新訳文庫
『武士道』新渡戸稲造（矢内原忠雄訳）岩波文庫／『現代語訳 武士道』山本博文　ちくま新書 ほか
『嵐が丘』エミリー・ブロンテ（鴻巣友季子訳）新潮文庫 ほか
『ドン・キホーテ』セルバンテス（牛島信明訳）岩波文庫
『源氏物語』紫式部（山岸徳平校注）岩波文庫 ほか

●第4章

『カラマーゾフの兄弟』ドストエフスキー（原卓也訳）新潮文庫 ほか
『マクベス』シェイクスピア（福田恆存訳）新潮文庫 ほか

『きけ　わだつみのこえ』日本戦没学生記念会編　岩波文庫
『老人と海』ヘミングウェイ（福田恆存訳）新潮文庫
『平家物語』（梶原正昭・山下宏明校注）岩波文庫 ほか
『君主論』マキアヴェッリ（河島英昭訳）岩波文庫 ほか
『精神現象学』ヘーゲル（長谷川宏訳）作品社
『歎異抄』（金子大栄校注）岩波文庫 ほか

●第5章

『監獄の誕生―監視と処罰―』フーコー（田村俶訳）新潮社
『銃・病原菌・鉄』ジャレド・ダイアモンド（倉骨彰訳）草思社
『論語』孔子（金谷治訳註）岩波文庫／『論語』孔子（齋藤孝訳）ちくま文庫 ほか
『ファスト&スロー　あなたの意思はどのように決まるか？』ダニエル・カーネマン（村井章子訳／友野典男解説）早川書房
『共産党宣言』マルクス、エンゲルス（大内兵衛・向坂逸郎訳）岩波文庫
『ソシュールの思想』丸山圭三郎　岩波書店
『種の起原』ダーウィン（八杉龍一訳）岩波文庫
『プロテスタンティズムの倫理と資本主義の精神』ヴェーバー（大塚久雄訳）岩波文庫
『「いき」の構造 他二篇』九鬼周造　岩波文庫

●第6章

『金閣寺』三島由紀夫　新潮文庫
『五重塔』幸田露伴　岩波文庫
『定本 パンセ』パスカル（松浪信三郎訳）講談社文庫
『存在の耐えられない軽さ』ミラン・クンデラ（千野栄一訳）集英社文庫
『宮沢賢治全集Ⅰ』宮沢賢治　ちくま文庫
『ホモ・ルーデンス』ホイジンガ（高橋英夫訳）中公文庫
『嘔吐』サルトル（白井浩司訳）人文書院
『斜陽』太宰治　新潮文庫
『旧約聖書 机上版』旧約新書翻訳委員会訳 岩波書店 ほか

●第7章

『オイディプス王』ソポクレス（福田恒存訳）新潮文庫
『夜と霧 ドイツ強制収容所の体験記録』フランクル（霜山徳爾訳）みすず書房
『漱石書簡集』夏目漱石（三好行雄編）岩波文庫
『アンナ・カレーニナ』トルストイ（望月哲男訳）光文社古典新訳文庫
『花伝書（風姿花伝）』世阿弥編（川瀬一馬校注）講談社文庫／『風姿花伝・三道』世阿弥（竹本幹夫訳注）角川ソフィア文庫
『フランクリン自伝』フランクリン（松本慎一・西川正身訳）岩波文庫
『饗宴』プラトン（久保勉訳）岩波文庫
『悲しき熱帯』レヴィ＝ストロース（川田順造訳）中公クラシックス ほか

齋藤　孝 さいとう・たかし
1960年、静岡県生まれ。東京大学法学部卒業。同大学院教育学研究科博士課程等を経て、現在明治大学文学部教授。専門は教育学、身体論、コミュニケーション論。日本語ブームをつくった『声に出して読みたい日本語』(草思社／毎日出版文化賞特別賞)をはじめ、『読書力』(岩波新書)、『大人の語彙力ノート』(SBクリエイティブ)などベストセラー著書が多数ある。テレビ・ラジオ・講演等多方面で活躍。NHK Eテレ「にほんごであそぼ」総合指導。

朝日新書
748
一行《いちぎょう》でわかる名著《めいちょ》

2020年2月28日第1刷発行

著　者　齋藤　孝
発行者　三宮博信
カバーデザイン　アンスガー・フォルマー　田嶋佳子
印刷所　凸版印刷株式会社
発行所　朝日新聞出版
〒104-8011　東京都中央区築地5-3-2
電話　03-5541-8832（編集）
03-5540-7793（販売）

Published in Japan by Asahi Shimbun Publications Inc.
ISBN 978-4-02-295047-5
定価はカバーに表示してあります。
落丁・乱丁の場合は弊社業務部(電話03-5540-7800)へご連絡ください。
送料弊社負担にてお取り替えいたします。